Findbuch des Bestandes Abt. 68
Oberste Zoll- und Kommerzbehörden in den Herzogtümern und in Kopenhagen bis 1867

von Jörg Rathjen

Veröffentlichungen des Landesarchivs Schleswig-Holstein
Band 115

Jörg Rathjen

Findbuch des Bestandes Abt. 68

Oberste Zoll- und Kommerzbehörden in den Herzogtümern und in Kopenhagen bis 1867

Hamburg University Press
Verlag der Staats- und Universitätsbibliothek Hamburg
Carl von Ossietzky

Impressum

Bibliografische Information der Deutschen Nationalbibliothek:
Die Deutsche Nationalbibliothek verzeichnet diese Publikation in der Deutschen Nationalbibliografie; detaillierte bibliografische Daten sind im Internet über http://dnb.d-nb.de abrufbar.

Online-Ausgabe
Die Online-Ausgabe dieses Werkes ist eine Open-Access-Publikation und ist auf den Verlagswebseiten frei verfügbar. Die Deutsche Nationalbibliothek hat die Online-Ausgabe archiviert. Diese ist dauerhaft auf dem Archivserver der Deutschen Nationalbibliothek (https://portal.dnb.de/) verfügbar.

DOI https://dx.doi.org/10.15460/HUP.LASH.115.187

Printausgabe
ISSN 1864-9912
ISBN 978-3-943423-54-9

Redaktion: Veronika Eisermann, Rainer Hering, Sven Schoen, Malte Bischoff
Gestaltung: Atelier Bokelmann, Schleswig
Produktion: Books on Demand, Norderstedt

Verlag
Hamburg University Press, Verlag der Staats- und Universitätsbibliothek Hamburg Carl von Ossietzky, Hamburg (Deutschland), 2018
http://hup.sub.uni-hamburg.de

INHALTSVERZEICHNIS

VORBEMERKUNG

Behördengeschichte

Mit der Verwaltung von Zoll- und Kommerzangelegenheiten in Dänemark sowie den Herzogtümern Schleswig, Holstein und (seit 1816) Lauenburg war im Verlauf der Zeit eine ganze Reihe von Behörden auf der zentralen administrativen Ebene beauftragt.

Von 1660 bis 1848 stellte die Rentekammer in Kopenhagen die oberste und bedeutendste Behörde dar. Ihre Zuständigkeiten umfassten weite Bereiche des Land-, Wirtschafts-, Steuer- und Abgabenwesens.

Um die Rentekammer von ihren vielfältigen Aufgaben zu entlasten, richtete man 1735 das General-Landes-Ökonomie- und Kommerzkollegium ein, das vor allem Verwaltungsaufgaben im Handel sowie im Fabrik- und Brandversicherungswesen wahrnahm.

Eine weitere eigenständige Behörde, die Kompetenzen der Rentekammer übernahm, entstand 1760 mit der Westindisch-Guineischen Rente- und Generalzollkammer. In ihren Verantwortungsbereich fielen die überseeischen Besitzungen Dänemarks, das Zoll- und Verbrauchssteuerwesen sowie das Hafen- und Leuchtfeuerwesen.

Der Verwaltung des Staatsgeldes diente die Gründung der Obersteuerdirektion in Kopenhagen im Jahr 1762 (seit 1778 Staatsbalance- und Obersteuerdirektion, 1782 aufgelöst), die zudem noch Zuständigkeiten im Steuer-, Finanz- und Domänenwesen erhielt.

Als Folge einer umfassenden Reform der Kammer- und Finanzverwaltung wurden 1816 das General-Landes-Ökonomie- und Kommerzkollegium und die Westindisch-Guineische Rente- und Generalzollkammer zum Generalzollkammer- und Kommerzkollegium vereinigt. Unter dessen Aufsicht arbeitete eine Reihe von Kommissionen an der 1838 erlassenen Zollordnung für die Herzogtümer.

Mit Einführung der Ministerialverfassung 1848 in Dänemark endete die Tätigkeit des Generalzollkammer- und Kommerzkollegiums. Seine Zuständigkeit für das Zollwesen ging an das neu gegründete Finanzministerium über. Vorerst betraf diese administrative Neustrukturierung allerdings nur das Königreich Dänemark. In den Herzogümern wirkten mit Ausbruch der Erhebung im März 1848 eigene Zollbüros unter den jeweiligen Erhebungsbehörden.

Nach dem Ende der Erhebung 1851 entstanden entsprechend der Reform in Dänemark für die Herzogümer ebenfalls eigene Ministerien. Ihre Kompetenzen im Zollwesen gelangten aber bereits 1852 an das Finanzministerium und wechselten schließlich 1856 von dort in das neu errichtete Ministerium für die gemeinschaftlichen inneren Angelegenheiten der Monarchie, um nach dessen Aufhebung 1858 wieder an das Finanzministerium übertragen zu werden. Dieses wiederum ließ das Zollwesen durch das 1855 ins Leben gerufene und dem Ministerium unterstehende Generalzolldirektorat verwalten.

Genauere Informationen über Organisation und Personal der vorgenannten Behörden lassen sich den dänischen Hof- und Staatskalendern entnehmen.

Nach dem deutsch-dänischen Krieg 1864 fiel das Zollwesen der Herzogtümer den preußischen und österreichischen Übergangsbehörden zu. Nachdem im Mai 1864 für das Herzogtum Schleswig ein Zolldirektorat in Flensburg eingerichtet worden war, entstand im Februar 1865 als gemeinsame Einrichtung beider Herzogtümer die Schleswig-Holsteinische Zolldirektion. An ihre Stelle trat bei der Bildung der preußischen Provinz Schleswig-Holstein 1867 die Provinzial-Steuerdirektion in Glückstadt (ab 1872 in Altona).

Bestandsgeschichte

Erstes Schriftgut oberster Zollbehörden gelangte 1871 aus Kopenhagen über die Provinzial-Steuerdirektion in Glückstadt in das Staatsarchiv in Schleswig. Dort bildeten die Akten den vorläufigen Bestand A V, die Protokolle und Journale den Bestand A XXV.

In den folgenden Jahren wuchs der Bestand A V durch weitere Ablieferungen der Provinzial-Steuerdirektion und anderer Zollbehörden stetig an. Als vorläufiges Findmittel diente ein Repertorium, das die Akten ohne jede Klassifizierung nur nach ihrem Zugang ins Archiv auflistete (Abt. 68 Nr. 467).

Eine durchgreifende und systematische Erschließung der Zollakten, die zuvor in den Bestand A XXV überführt worden waren, konnte 1913 abgeschlossen werden. Grundlage der Bearbeitung war der Entschluss, die Akten trotz ihrer Herkunft aus verschiedenen Behörden wegen ihres „engen sachlichen [...] und registraturmäßigen Zusammenhanges“ (vgl. Vorwort im Findbuch Abt. 68 Nr. 1519) in einem Bestand zu belassen. Für die Gliederung blieb jedoch das Provenienzprinzip maßgebend, d. h. im neu erstellten Findbuch bildeten die Behörden, bei denen die Akten erwachsen waren, die Hauptsachgruppen. Protokolle und Journale formierten eine eigene Unterabteilung, wobei die Korrespondenzprotokolle nach ihrer Herkunft, die Journale hingegen rein chronologisch verzeichnet wurden.

Wesentliche Änderungen an dieser Bestandsstruktur erfolgten 1922/23 mit der Übernahme des umfangreichen Archivs der preußischen Regierung zu Schleswig in das Staatsarchiv und der Aufstellung eines neuen Ordnungsplans. Der Bestand A XXV erhielt dabei die noch heute gültige Bezeichnung Abt. 68. Einschneidender als die Umbenennung war jedoch die Tatsache, dass man nun zahlreiche Archivalien der Abt. 68 entnahm und sie zu den neu ins Staatsarchiv gelangen Behördenbeständen legte bzw. aus dem bislang in Abt. 68 verzeichneten Behördenschriftgut eigenständige Bestände bildete. Insgesamt wechselte auf diese Weise rund ein Viertel der Verzeichnungseinheiten aus Abt. 68 in einen anderen Bestand.

Eine weitere Veränderung im Bestandsumfang vollzog sich infolge des deutsch-dänischen Archivalienabkommens von 1933. Unter den Ablieferungen aus dem Reichsarchiv in Kopenhagen befanden sich auch rund fünfzig laufende Meter Akten von Zoll- und Kommerzbehörden. Inhaltlich handelte es sich dabei hauptsächlich um Unterlagen der Zollrechnungsrevison. Eine Einarbeitung in den existierenden Bestand unterblieb jedoch. Stattdessen wurde die Ablieferung unter der Bezeichnung Abt. 68 ungeordnet verwahrt.

Ebenfalls unverzeichnet blieb ein kleinerer Zuwachs von Unterlagen der Zollrevision, die bei Erschließungsmaßnahmen zur Abt. 66 (Rentekammer) in den 1980er-Jahren dort entnommen worden waren.

Dieser unbefriedigende Erschließungszustand des für die schleswig-holsteinische Wirtschaftsgeschichte des 18. und 19. Jahrhunderts bedeutsamen Bestandes, bei dem ein Großteil der Archivalien bislang völlig unverzeichnet war und es außerdem an einem Findmittel fehlte, das modernen archivfachlichen Standards genügt, ließ eine Neubearbeitung wünschenswert erscheinen. Im Jahr 2014 wurde daher der Bestand komplett durchgesehen und in die archivische Datenbank aufgenommen. Hierbei wurden die Angaben des alten Findmittels zu Titeln und Laufzeiten sämtlicher Archivalien am Bestand überprüft. Gelegentlich erhielten umfangreiche oder schwer verständliche Aktentitel eine kürzere bzw. modernere Version. In anderen Fällen schien es sinnvoll, ältere, heute nicht mehr gebräuchliche Bezeichnungen beizubehalten, sofern sie gängige Suchbegriffe darstellen. Aus praktischen Gründen erfolgte bei einigen überaus umfangreichen Archivalienkonvoluten eine Aufteilung in mehrere kleinere Verzeichnungseinheiten.

Der Bestand Abt. 68 erhielt durchgehend neue Signaturen. Konkordanzen am Ende des Findbuchs geben Aufschluss über die Umsignierungen.

Für die Ordnung wurde die Systematik des nach Provenienzen geordneten bisherigen Findbuchs weitgehend als Grundlage beibehalten. Eine Ausnahme bei der herkunftsorientierten Verzeichnung gibt es allerdings: Die Revisionsunterlagen zu den Rechnungen der einzelnen Zollstätten aus der Kopenhagener Abgabe bilden eine eigene Sachgruppe am Ende des Findbuchs. Ausschlaggebend dafür waren zwei Gründe: Zum einen waren diese Archivalien bereits im dänischen Reichsarchiv ungeachtet ihrer unterschiedlichen Herkunft zusammenhängend verwahrt worden. Zum anderen sprachen aber auch praktische Erwägungen mit Blick auf die Nutzungsinteressen für die vorgenommene Lösung. Die alphabetische Auflistung der Zollstätten sowie die chronologische Reihung der Zollrechnungen und Zollrevisionsakten ermöglichen es Benutzerinnen und Benutzern, sich einen raschen Überblick über das entsprechende Material zu verschaffen.

Der bisherige Teilbestand Abt. 68 Protokolle blieb nicht bestehen, sondern die Protokolle und Journale wurden entsprechend ihrer Herkunft den jeweiligen Klassifikationen zugeordnet. Nicht in Abt. 68 verblieben jedoch die Journale der während des preußisch-österreichischen Kondominiums tätigen Zollbehörden aus dem Zeitraum von 1864 bis 1867; sie wurden in Abt. 28 (Zollbehörden) verzeichnet, wo bereits die dazugehörigen Korrespondenzprotokolle lagen.

Keine Berücksichtigung bei der Erschließung des ungeordneten Bestandes fanden außerdem zahlreiche Archivalien, die in den Bestand Abt. 77 (Dänische Ministerien) gehörten und dort verzeichnet wurden.

Ein Orts-, Sach- und Personenregister bildet den Abschluss dieses Findbuchs. Klassifikationsbegriffe wurden in der Regel nicht aufgenommen. Für die Suche nach einem Thema oder einem Sachbegriff sollte zuerst die sachsystematische Gliederung benutzt werden und als Ergänzung das Register. Es ist dabei zu beachten, dass die Begriffe für die Register aus den Titelaufnahmen stammen, also nicht etwa alle Nennungen in den Akten selbst erfassen.

Das vorliegende Findbuch verzeichnet nur einen sehr kleinen Teil der Überlieferung der für das Königreich Dänemark und die Herzogtümer zuständigen obersten Zoll- und Kommerzbehörden. Die Hauptmasse des Schriftguts der im Findbuch aufgelisteten Behörden befindet sich im dänischen Reichsarchiv in Kopenhagen. Über den dortigen Bestand an Archivalien der Rentekammer, des General-Landes-Ökonomie- und Kommerzkollegiums sowie des Generalzollkammer- und Kommerzkollegiums informieren folgende Findmittel:

- Rentekammeret, Generaltoldkammeret og Kommercekollegiet. 1660-1848. Ved J. Bloch (Vejledende Arkivregistraturer II). Kopenhagen 1892.
- Kommercekollegiet 1735-1816. Ved J. O. Bro-Jørgensen og Morten Westrup (Vejledende Arkivregistraturer XXII). Kopenhagen 1984.

Zu diesen und anderen entsprechenden Beständen im Reichsarchiv in Kopenhagen vergleiche zudem die Übersicht im dänischen Online-Archivalieninformationssystem DAISY.

Zu den im dänischen Reichsarchiv verwahrten Industrietabellen des Generalzollkammer- und Kommerzkollegiums liegen im Landesarchiv Schleswig-Holstein Mikrofilme vor (Abt. 415 Nr. 6242-6258).

Akten der Zollämter, der Oberzollinspektorate und der zwischen 1864 und 1867 tätigen Zolldirektorate befinden sich in Abt. 28 (Zollbehörden). Die Überlieferung des dänischen Finanzministeriums wird in Abt. 77 verwahrt, darunter auch die Unterlagen der Zollrechnungsrevision aus dem Zeitraum von ca. 1840 bis 1864. Zollschriftgut aus der Zeit nach 1867 ist überdies in Abt. 306 (Provinzial-Steuerdirektion/Oberzolldirektion) zu finden. Beim Generalzollkammer- und Kommerzkollegium sowie im Generalzolldirektorat erwachsene Akten zum Zoll im Herzogtum Lauenburg lassen sich in Abt. 213 (Lauenburgisches Landzollwesen, Elb- und Stecknitzfahrt) recherchieren.

Weitere Archivalien zu Zoll- und Kommerzangelegenheiten aus der Zeit bis 1864 finden sich darüber hinaus in folgenden Beständen des Landesarchivs:
Abt. 51, Regierungen der Herzogtümer während der Erhebung 1848-1851.
Abt. 66, Rentekammer zu Kopenhagen.
Abt. 74, Generalpostamt bzw -direktion zu Kopenhagen.
Abt. 79, Ministerium für das Herzogtum Schleswig zu Kopenhagen 1851-1864.
Abt. 80, Ministerium für die Herzogtümer Holstein und Lauenburg zu Kopenhagen 1852-1864.

Laufzeit: (1470-) 1584-1886

Der Bestand Abt. 68 umfasst 103,5 laufende Meter Archivalien.

Literaturhinweise

Rigsarkivet og hjælpemidlerne til dets benyttelse. Teil 1 Bd. 1. Hrsg. von Wilhelm von Rosen. Kopenhagen 1983.
Rigsarkivet og hjælpemidlerne til dets benyttelse. Teil 2 Bd. 1. Hrsg. von Wilhelm von Rosen. Kopenhagen 1991.
Henrik Becker-Christensen: Protektionisme og reformer 1660-1814 (Dansk toldhistorie II). Kopenhagen 1988.
Henrik Fode: Liberalisme og frihandel 1814-1914 (Dansk toldhistorie III). Kopenhagen 1989.
Georg Nørregård: Das Zollgesetz von 1838 in den Herzogtümern. In: Zeitschrift der Gesellschaft für schleswig-holsteinische Geschichte 90 (1965), 101-110.
Zoll- und Steuergeschichte Schleswig-Holsteins. Bearb. von Franz Ehlers. Mit Beiträgen von Fritz Brinckmann, Peter Kall, Hans Mentzel und Hugo Rohdaß. Kiel Ms. 1968.

Benutzungshinweise

Zitierweise: Sigle des Landesarchivs, Abteilungsbezeichnung und laufende Nummer, also zum Beispiel LASH Abt. 68 Nr. 50.

Schleswig, im Oktober 2018 Jörg Rathjen

RENTEKAMMER

17 Zollwesen der Grafschaft Rantzau 1735-1758

41 Denkschrift der Stadt Friedrichstadt über die Zollgerechtigkeiten in Tönning 1756

42 Geschichte des Zollwesens in Friedrichstadt (1620-) 1753

919 Lizentrechnung der Landschaft Süderdithmarschen 1641

945 Schiffslast- und Ranzionsgeldrechnung Tönning mit Beilagen 1747-1753

946 Hafengeldregister Tönning 1756

GENERAL-LANDES-ÖKONOMIE- UND KOMMERZKOLLEGIUM (1735-1816)

477 Branddirektorat der Ämter Kiel, Bordesholm und Neumünster
Enthält u. a.: Meldung von Brandschäden 1787-1815

478 Artikel der Brandgilden in der Wilstermarsch (1738-1739) 1745

479 Brandgilden im Klosterdistrikt Itzehoe 1774-1828

482 Heu- und Strohdiemen zwischen den Gebäuden in den Städten 1789-1797

25 Privilegien der Ölmüller und Seifensieder 1809

490 Hafen in Wyk 1798-1807
Darin: Karte des Hafens

481 Hafen in Wyk 1808-1811

WESTINDISCH-GUINEISCHE RENTE- UND GENERALZOLL-KAMMER IN KOPENHAGEN (1760-1816)

Zollordnungen und Verfügungen

1 Einführung außerordentlicher Abgaben von Schiffen und Waren durch die Verordnungen von 1779, 1794 und 1802 sowie deren Anwendung auf die zollprivilegierten Distrikte und Personen in den Herzogtümern 1779-1803

2 Entwurf einer neuen Zollverordnung für die Herzogtümer 1799

3 Materialien zur gemeinschaftlichen Zoll- und Lizentverordnung für die Herzogtümer 1767-1768

4 Denkschrift des Amtmanns Hennings in Plön über die Zollprivilegien sowie über die Einführung neuer Zölle und Zollstätten 1806

5 Zollbehandlung der Briefsäcke und Depeschenbeutel fremder Kuriere 1811-1812

6 Lösch- und Ladeplätze an der Stör 1786-1814

7 Einfuhr von Gift und Handel mit Medizinalwaren 1792-1815

55 Verteilung der Dividende für die an die Interessenschaft zur Realisation von Kolonialwaren in den Herzogtümern eingelieferten konfiszierten Waren 1810-1821

469 Schreiben des dänischen Finanz- und Außenministers Ernst von Schimmelmann wegen einer Weizenlieferung des Kaufmanns Friedrich Wilhelm Meyer in Altona von Kiel und Tönning nach Norwegen 1813

473 Gesuch der Gräfin von Stolberg um Einfuhr von Braunschweiger Mumme zu medizinischen Zwecken für ein Kind der Frau des Kammerjunkers von Rumohr in Preetz 1813

Zollprivilegierte

8 Zollfreiheit der adligen Güter 1780, 1803

9 Zollfreiheit des Adels (1639) 1668-1769
Enthält u. a.: Zollrollen

10 Zergliederung adliger Güter in Meierhöfe und deren Zollfreiheit 1764-1788

11 Zollfreiheit der von den Haupthöfen getrennten oder abgelegten Meierhöfe 1806-1811

12 Zollfreiheit der nach Aufhebung der Leibeigenschaft aus Bauernland errichteten Meierhöfe und der Bauern als Hufenpächter 1795-1806

13 Beschwerde der Adligen gegen die Visitation ihrer Waren nach der Zollordnung von 1778 1768-1779

14 Zollfreiheit für Baumaterialien zu den Hofbauten der Gutsbesitzer und deren Leibeigenen (1636-) 1787-1794

15 Zollfreiheit der Grafschaft Sandberg oder Reventlow am Sundewitt (1673-1685) 1747-1781

16 Zollfreiheit des adligen Gutes Gammelgaard mit dem Dorf Gundstrup 1737, 1756

18 Zollfreiheit der Prediger, Professoren und der anderen Beamten sowie ihre Aufhebung (1743-) 1790-1798

19 Handel mit zollfreien Distrikten 1803, 1808
Enthält u. a.: Verzeichnis der inner- und außerhalb der Grenzzölle liegenden Orte

20 Verzollung der angeblich in zollfreien Distrikten gekauften Lumpen 1814-1815

21 Zollwesen in Dithmarschen 1812-1813

22 Begünstigungen für inländische Tranbrennereien 1804-1815

23 Übersicht über die privilegierten Fabriken in den Herzogtümern 1808

24 Beschreibung der an öffentliche und private Gewerbeanstalten von 1743 bis 1787 verliehenen Zollprivilegien nach 1803

26 Zollfreiheit der Fabriken in Altona 1777-1794

27 Aufhebung der Befreiung der Stadt Glückstadt vom Transitzoll auf ausländische Waren 1814

28 Pflicht zum Fischverkauf in Glückstadt durch elbaufwärts fahrende Fischewer 1737-1738, 1775
Enthält auch: Gebühren in Glückstadt für die Fischer von Helgoland, 1775

29 Ablösung der Gehälter des Magistrats in Glückstadt aus den Akzise- und Lizentengeldern durch die königliche Kasse 1721

30 Bemühungen der Stadt Glückstadt zur Erklärung ihres Hafens als Freihafen 1768-1778

31 Zollrollen sowie Nachweise der Privilegien und Freiheiten der Stadt Glückstadt 1668-1776

32 Privilegien für eine Kompanie von Kauf- und Handelsleuten in Glückstadt 1721

33 Verpachtete Zölle in Glückstadt 1701-1719

34 Befreiung der Stadt Glückstadt von außerordentlichen Abgaben auf den ausländischen Transitverkehr (1768-) 1794-1808

35 Feuergeld der vor Glückstadt ankernden und von jenseits des Kap Finisterre kommenden Schiffe (1803) 1805

36 Befreiung der Stadt Glückstadt von Gebühren für die seit 1768 zollfreien Waren sowie von Gebühren der Fährschiffer 1774-1776
Enthält u. a.: Verzeichnis der bei der Zollstätte erhobenen Schreib- und Visitationsgebühren

37 Rolle der Rekognitions- und Herrengelder in Glückstadt 1691

38 Befreiung der Landschaft Süderdithmarschen von Lizenten, Fuhren, Handarbeit zur Festung Glückstadt sowie Bestätigung des Privilegs der Landschaften Norderdithmarschen und Süderdithmarschen zur Zollfreiheit beim Haus Hanerau (1632, 1638, 1649) 19. Jh.

39 Verhandlungen mit der Stadt Glückstadt über die Verpachtung der Zölle und Lizenten 1742-1751

40 Hafen in Tönning: Bauten, Reparaturen und Reinigung 1760-1789

Zollgrenzen und Zollstätten

43 Bericht zur Anlage neuer Zollstellen an der lübischen Grenze und in Wandsbek 1811

44 Anlage neuer Zollstellen an der Grenze zu Holstein und Grenzzollverkehr 1808-1810

45 Anlage neuer Zollstellen an der Grenze zu Holstein und Grenzzollverkehr (1766-) 1810-1811

46 Grenzzollverkehr zwischen dem Herzogtum Holstein und dem Fürstentum Lübeck 1777, 1789, 1810-1813

47 Errichtung einer Grenzzollhebung in Plön gegen Aufhebung der Wegezölle (1733-) 1791-1792

48 Projekt einer Zollstätte in Wandsbek 1810

49 Verlegung von Zollstätten innerhalb der Ämter Reinbek und Trittau (1721) 1788-1789, 1808-1809

50 Zoll in den Ämtern Reinbek und Trittau für Reisewagen 1804, 1810

51 Erlass der Pachtsumme für die Landfracht- und Holzzölle in den Ämtern Reinbek und Trittau 1807-1814

52 Beschwerde des Zollpächters in den Ämtern Reinbek und Trittau über den Afterpächter der Zollstätte auf dem Sande bei Bergstedt
Enthält u. a.: Kartenskizze (1695-) 1787-1788

53 Angelegenheiten der Zollstätten Langenfelde, Neustadt, Ulzburg und Wewelsfleth 1787-1795

470 Klagen gegen die Zolleinnehmer in Rahlstedt und Siek 1780

468 Auszahlung eines Teils der Gage des Zollverwalters in Tönning an Graf von Stolberg 1788

Schleswig-Holsteinischer Kanal

54 Verzeichnis der bei der Zollstätte in Rendsburg gemeldeten Schiffspassagen durch den Schleswig-Holsteinischen Kanal 1784-1791

Zollrechnungen

917 Generalübersichten über Einnahmen und Ausgaben holsteinischer Zoll- und Lizentrechnungen 1787

918 Generalübersichten über Einnahmen und Ausgaben holsteinischer Zoll- und Lizentrechnungen 1787-1788

880 Generalübersichten über Einnahmen und Ausgaben holsteinischer Zoll- und Lizentrechnungen 1788

Korrespondenzprotokolle

Deutsches Zollkontor

979 Korrespondenzprotokoll des Deutschen Zollkontors mit Register Januar 1760-Juni 1761

980 Korrespondenzprotokoll des Deutschen Zollkontors mit Register Juni 1761-April 1762

981 Korrespondenzprotokoll des Deutschen Zollkontors mit Register April-Dezember 1762

982 Korrespondenzprotokoll des Deutschen Zollkontors mit Register Dezember 1762-September 1763

983 Korrespondenzprotokoll des Deutschen Zollkontors mit Register
Oktober 1763-Januar 1765

984 Korrespondenzprotokoll des Deutschen Zollkontors mit Register
Januar 1765-Juni 1766

985 Korrespondenzprotokoll des Deutschen Zollkontors mit Register
Juli 1766-September 1767

986 Korrespondenzprotokoll des Deutschen Zollkontors mit Register
Oktober 1767-Dezember 1768

987 Korrespondenzprotokoll des Deutschen Zollkontors mit Register
Dezember 1768-Dezember 1769

988 Korrespondenzprotokoll des Deutschen Zollkontors mit Register
Dezember 1769-März 1771

989 Korrespondenzprotokoll des Deutschen Zollkontors mit Register
Juni 1771-Oktober 1772

990 Korrespondenzprotokoll des Deutschen Zollkontors mit Register
Oktober 1772-Juni 1773

991 Korrespondenzprotokoll des Deutschen Zollkontors mit Register
Juli 1773-Februar 1774

992 Korrespondenzprotokoll des Deutschen Zollkontors mit Register
Februar-November 1774

993 Korrespondenzprotokoll des Deutschen Zollkontors mit Register
Juni 1775-Januar 1776

994 Korrespondenzprotokoll des Deutschen Zollkontors mit Register
Februar-September 1776

995 Korrespondenzprotokoll des Deutschen Zollkontors mit Register
Oktober 1776-Juni 1777

996 Korrespondenzprotokoll des Deutschen Zollkontors mit Register
Juni 1777-Januar 1778

997 Korrespondenzprotokoll des Deutschen Zollkontors mit Register
Februar-August 1778

998 Korrespondenzprotokoll des Deutschen Zollkontors mit Register
August 1778-März 1779

999 Korrespondenzprotokoll des Deutschen Zollkontors mit Register
März-Oktober 1779

1000 Korrespondenzprotokoll des Deutschen Zollkontors mit Register
Oktober 1779-Juli 1780

Schleswigsches Zollkontor

1001 Korrespondenzprotokoll des Schleswigschen Zollkontors mit Register
Januar 1781-März 1782

1002 Korrespondenzprotokoll des Schleswigschen Zollkontors mit Register
März 1782-März 1783

1003 Korrespondenzprotokoll des Schleswigschen Zollkontors mit Register
März-Dezember 1783

1004 Korrespondenzprotokoll des Schleswigschen Zollkontors mit Register
Januar 1784-Februar 1785

1005 Korrespondenzprotokoll des Schleswigschen Zollkontors mit Register
März 1785-Februar 1786

1006 Korrespondenzprotokoll des Schleswigschen Zollkontors mit Register
Februar 1786-April 1787

1007 Korrespondenzprotokoll des Schleswigschen Zollkontors mit Register
April 1787-September 1788

1008 Korrespondenzprotokoll des Schleswigschen Zollkontors mit Register
September 1788-November 1789

1009 Korrespondenzprotokoll des Schleswigschen Zollkontors mit Register
November 1789-Juni 1791

1010 Korrespondenzprotokoll des Schleswigschen Zollkontors mit Register — Juli 1791-Oktober 1792

1011 Korrespondenzprotokoll des Schleswigschen Zollkontors mit Register — Oktober 1792-November 1793

1012 Korrespondenzprotokoll des Schleswigschen Zollkontors mit Register — November 1793-Mai 1795

1013 Korrespondenzprotokoll des Schleswigschen Zollkontors mit Register — Mai 1795-Mai 1796

1014 Korrespondenzprotokoll des Schleswigschen Zollkontors mit Register — Mai 1796-Juni 1798

1015 Korrespondenzprotokoll des Schleswigschen Zollkontors mit Register — Juni 1798-April 1800

1016 Korrespondenzprotokoll des Schleswigschen Zollkontors mit Register — April 1800-Juli 1801

1017 Korrespondenzprotokoll des Schleswigschen Zollkontors mit Register — Juli 1801-Dezember 1802

1018 Korrespondenzprotokoll des Schleswigschen Zollkontors mit Register — Januar 1803-Januar 1804

1019 Korrespondenzprotokoll des Schleswigschen Zollkontors mit Register — Januar 1804-Juni 1805

1020 Korrespondenzprotokoll des Schleswigschen Zollkontors mit Register — Juni 1805-August 1806

1021 Korrespondenzprotokoll des Schleswigschen Zollkontors mit Register — August 1806-März 1808

1022 Korrespondenzprotokoll des Schleswigschen Zollkontors mit Register — März-Dezember 1808

1023 Korrespondenzprotokoll des Schleswigschen Zollkontors mit Register — Dezember 1808-Mai 1809

1024 Korrespondenzprotokoll des Schleswigschen Zollkontors mit Register Juni-Dezember 1809

1025 Korrespondenzprotokoll des Schleswigschen Zollkontors mit Register Dezember 1809-Juni 1810

1026 Korrespondenzprotokoll des Schleswigschen Zollkontors mit Register Juni-Dezember 1810

1027 Korrespondenzprotokoll des Schleswigschen Zollkontors mit Register Dezember 1810-April 1811

1028 Korrespondenzprotokoll des Schleswigschen Zollkontors mit Register April-August 1811

1029 Korrespondenzprotokoll des Schleswigschen Zollkontors mit Register August-Dezember 1811

1030 Korrespondenzprotokoll des Schleswigschen Zollkontors mit Register Dezember 1811-März 1812

1031 Korrespondenzprotokoll des Schleswigschen Zollkontors mit Register März-Juli 1812

1032 Korrespondenzprotokoll des Schleswigschen Zollkontors mit Register Juli-Oktober 1812

1033 Korrespondenzprotokoll des Schleswigschen Zollkontors mit Register Oktober 1812-Januar 1813

1034 Korrespondenzprotokoll des Schleswigschen Zollkontors mit Register Januar-Juni 1813

1035 Korrespondenzprotokoll des Schleswigschen Zollkontors mit Register Juni 1813-Februar 1814

1036 Korrespondenzprotokoll des Schleswigschen Zollkontors mit Register Februar-November 1814

1037 Korrespondenzprotokoll des Schleswigschen Zollkontors mit Register November 1814-Juli 1815

1038 Korrespondenzprotokoll des Schleswigschen Zollkontors mit Register Juli 1815-Februar 1816

Holsteinisches Zollkontor

1100 Korrespondenzprotokoll des Holsteinischen Zollkontors mit Register März-Dezember 1781

1101 Korrespondenzprotokoll des Holsteinischen Zollkontors mit Register 1782

1102 Korrespondenzprotokoll des Holsteinischen Zollkontors mit Register 1783

1103 Korrespondenzprotokoll des Holsteinischen Zollkontors mit Register 1784

1104 Korrespondenzprotokoll des Holsteinischen Zollkontors mit Register 1785

1105 Korrespondenzprotokoll des Holsteinischen Zollkontors mit Register 1786

1106 Korrespondenzprotokoll des Holsteinischen Zollkontors mit Register 1787

1107 Korrespondenzprotokoll des Holsteinischen Zollkontors mit Register 1788

1108 Korrespondenzprotokoll des Holsteinischen Zollkontors mit Register 1789

1109 Korrespondenzprotokoll des Holsteinischen Zollkontors mit Register 1790

1110 Korrespondenzprotokoll des Holsteinischen Zollkontors mit Register 1791

1111 Korrespondenzprotokoll des Holsteinischen Zollkontors mit Register 1792

1112 Korrespondenzprotokoll des Holsteinischen Zollkontors mit Register
1793

1113 Korrespondenzprotokoll des Holsteinischen Zollkontors mit Register
1794

1114 Korrespondenzprotokoll des Holsteinischen Zollkontors mit Register
1795

1115 Korrespondenzprotokoll des Holsteinischen Zollkontors mit Register
1796

1116 Korrespondenzprotokoll des Holsteinischen Zollkontors mit Register
1797

1117 Korrespondenzprotokoll des Holsteinischen Zollkontors mit Register
1798

1118 Korrespondenzprotokoll des Holsteinischen Zollkontors mit Register
1801

1119 Korrespondenzprotokoll des Holsteinischen Zollkontors mit Register
1802

1120 Korrespondenzprotokoll des Holsteinischen Zollkontors mit Register
1805

1121 Korrespondenzprotokoll des Holsteinischen Zollkontors mit Register
1806

1122 Korrespondenzprotokoll des Holsteinischen Zollkontors mit Register
1807

1123 Korrespondenzprotokoll des Holsteinischen Zollkontors mit Register
Januar-Juli 1808

1124 Korrespondenzprotokoll des Holsteinischen Zollkontors mit Register
Juli-Dezember 1808

1125 Korrespondenzprotokoll des Holsteinischen Zollkontors mit Register
Januar-Juli 1809

1126 Korrespondenzprotokoll des Holsteinischen Zollkontors mit Register
Juli-Dezember 1809

1127 Korrespondenzprotokoll des Holsteinischen Zollkontors
Januar-Mai 1810

1128 Korrespondenzprotokoll des Holsteinischen Zollkontors
Mai-September 1810

1129 Korrespondenzprotokoll des Holsteinischen Zollkontors
September-Dezember 1810

1130 Korrespondenzprotokoll des Holsteinischen Zollkontors: Register
1810

1131 Korrespondenzprotokoll des Holsteinischen Zollkontors
Januar-April 1811

1132 Korrespondenzprotokoll des Holsteinischen Zollkontors
April-Juli 1811

1133 Korrespondenzprotokoll des Holsteinischen Zollkontors
Juli-September 1811

1134 Korrespondenzprotokoll des Holsteinischen Zollkontors
September-Dezember 1811

1135 Korrespondenzprotokoll des Holsteinischen Zollkontors: Register
1811

1136 Korrespondenzprotokoll des Holsteinischen Zollkontors
Januar-April 1812

1137 Korrespondenzprotokoll des Holsteinischen Zollkontors
April-Juli 1812

1138 Korrespondenzprotokoll des Holsteinischen Zollkontors
Juli-September 1812

1139 Korrespondenzprotokoll des Holsteinischen Zollkontors
September-Dezember 1812

1140 Korrespondenzprotokoll des Holsteinischen Zollkontors: Register 1812

1141 Korrespondenzprotokoll des Holsteinischen Zollkontors Januar-Mai 1813

1142 Korrespondenzprotokoll des Holsteinischen Zollkontors Juni-Dezember 1813

1143 Korrespondenzprotokoll des Holsteinischen Zollkontors: Register 1813

1144 Korrespondenzprotokoll des Holsteinischen Zollkontors Januar-August 1814

1145 Korrespondenzprotokoll des Holsteinischen Zollkontors August-Dezember 1813

1146 Korrespondenzprotokoll des Holsteinischen Zollkontors: Register 1814

1147 Korrespondenzprotokoll des Holsteinischen Zollkontors Januar-Mai 1815

1148 Korrespondenzprotokoll des Holsteinischen Zollkontors Juni-Dezember 1815

Journale

Deutsches Kontor

1248 Journal über die eingekommenen Sachen im Deutschen Zollkontor mit Register Februar 1762-Oktober 1765

1249 Journal über die eingekommenen Sachen im Deutschen Zollkontor mit Register Oktober 1765-März 1768

1250 Journal über die eingekommenen Sachen im Deutschen Zollkontor mit Register März-Dezember 1768

1251 Journal über die eingekommenen Sachen im Deutschen Zollkontor mit Register 1769

1252 Journal über die eingekommenen Sachen im Deutschen Zollkontor mit Register Januar 1770-Juni 1771

1253 Journal über die eingekommenen Sachen im Deutschen Zollkontor mit Register Juni 1771-Mai 1772

1254 Journal über die eingekommenen Sachen im Deutschen Zollkontor mit Register Juni 1772-Januar 1773

1255 Journal über die eingekommenen Sachen im Deutschen Zollkontor mit Register Januar-November 1773

1256 Journal über die eingekommenen Sachen im Deutschen Zollkontor mit Register November 1773-September 1774

1257 Journal über die eingekommenen Sachen im Deutschen Zollkontor mit Register August 1774-Mai 1775

1258 Journal über die eingekommenen Sachen im Deutschen Zollkontor mit Register Mai 1775-Februar 1776

1259 Journal über die eingekommenen Sachen im Deutschen Zollkontor mit Register Februar 1776-März 1777

1260 Journal über die eingekommenen Sachen im Deutschen Zollkontor mit Register März-November 1777

1261 Journal über die eingekommenen Sachen im Deutschen Zollkontor mit Register Dezember 1777-Juli 1778

1262 Journal über die eingekommenen Sachen im Deutschen Zollkontor mit Register Juli 1778-Januar 1779

1263 Journal über die eingekommenen Sachen im Deutschen Zollkontor mit Register Februar-August 1779

1264 Journal über die eingekommenen Sachen im Deutschen Zollkontor mit Register August 1779-April 1780

1265 Journal über die eingekommenen Sachen im Deutschen Zollkontor mit Register April 1780-Januar 1781

Schleswigsches Kontor

1266 Journal über die eingekommenen Sachen im Schleswigschen Zollkontor mit Register Januar 1781-Juni 1782

1267 Journal über die eingekommenen Sachen im Schleswigschen Zollkontor mit Register Juni 1782-August 1783

1268 Journal über die eingekommenen Sachen im Schleswigschen Zollkontor mit Register August 1783-Dezember 1784

1269 Journal über die eingekommenen Sachen im Schleswigschen Zollkontor mit Register Januar 1785-Februar 1786

1270 Journal über die eingekommenen Sachen im Schleswigschen Zollkontor mit Register Februar 1786-Juli 1787

1271 Journal über die eingekommenen Sachen im Schleswigschen Zollkontor mit Register August 1787-Februar 1789

1272 Journal über die eingekommenen Sachen im Schleswigschen Zollkontor mit Register Februar 1789-Oktober 1790

1273 Journal über die eingekommenen Sachen im Schleswigschen Zollkontor mit Register Oktober 1790-Oktober 1792

1274 Journal über die eingekommenen Sachen im Schleswigschen Zollkontor mit Register Oktober 1792-Oktober 1794

1275 Journal über die eingekommenen Sachen im Schleswigschen Zollkontor mit Register Oktober 1794-März 1796

1276 Journal über die eingekommenen Sachen im Schleswigschen Zollkontor mit Register März 1796-November 1797

1277 Journal über die eingekommenen Sachen im Schleswigschen Zollkontor mit Register November 1797-März 1800

1278 Journal über die eingekommenen Sachen im Schleswigschen Zollkontor mit Register März 1800-Oktober 1801

1279 Journal über die eingekommenen Sachen im Schleswigschen Zollkontor mit Register Oktober 1801-Mai 1803

1280 Journal über die eingekommenen Sachen im Schleswigschen Zollkontor mit Register Mai 1803-September 1804

1281 Journal über die eingekommenen Sachen im Schleswigschen Zollkontor mit Register September 1804-Dezember 1805

1282 Journal über die eingekommenen Sachen im Schleswigschen Zollkontor mit Register Dezember 1805-Juni 1807

1283 Journal über die eingekommenen Sachen im Schleswigschen Zollkontor mit Register Juni 1807-Dezember 1808

1284 Interimsjournal über die eingegangenen deutschen Sachen Oktober 1807-April 1808

1285 Interimsjournal über die eingegangenen deutschen Sachen April-Mai 1808

1286 Journal über die eingekommenen Sachen im Schleswigschen Zollkontor mit Register Dezember 1808-Juni 1809

1287 Journal über die eingekommenen Sachen im Schleswigschen Zollkontor mit Register Juni 1809-Januar 1810

1288 Journal über die eingekommenen Sachen im Schleswigschen Zollkontor mit Register Januar-September 1810

1289 Journal über die eingekommenen Sachen im Schleswigschen Zollkontor mit Register September 1810-Februar 1811

1290 Journal über die eingekommenen Sachen im Schleswigschen Zollkontor mit Register Februar-Juli 1811

1291 Journal über die eingekommenen Sachen im Schleswigschen Zollkontor mit Register Juli-November 1811

1292 Journal über die eingekommenen Sachen im Schleswigschen Zollkontor mit Register November 1811-Juni 1812

1293 Journal über die eingekommenen Sachen im Schleswigschen Zollkontor mit Register Juni-November 1812

1294 Journal über die eingekommenen Sachen im Schleswigschen Zollkontor mit Register November 1812-April 1813

1295 Journal über die eingekommenen Sachen im Schleswigschen Zollkontor mit Register Mai-Dezember 1813

1296 Journal über die eingekommenen Sachen im Schleswigschen Zollkontor mit Register Dezember 1813-Dezember 1814

1297 Journal über die eingekommenen Sachen im Schleswigschen Zollkontor mit Register Januar 1815-April 1816

Holsteinisches Kontor

1345 Journal über das Holsteinische Zollkontor mit Register Februar-September 1781

1346 Journal über das Holsteinische Zollkontor mit Register September 1781-Juli 1782

1347 Journal über das Holsteinische Zollkontor mit Register Juli 1782-März 1783

1348 Journal über das Holsteinische Zollkontor mit Register März-November 1783

1349 Journal über das Holsteinische Zollkontor mit Register November 1783-November 1784

1350 Journal über das Holsteinische Zollkontor mit Register November 1784-September 1785

1351 Journal über das Holsteinische Zollkontor mit Register September 1785-Juni 1786

1352 Journal über das Holsteinische Zollkontor mit Register
Juni 1786-Februar 1787

1353 Journal über das Holsteinische Zollkontor mit Register
Februar-Dezember 1787

1354 Journal über das Holsteinische Zollkontor mit Register
Dezember 1787-Oktober 1788

1355 Journal über das Holsteinische Zollkontor mit Register
Oktober 1788-September 1789

1356 Journal über das Holsteinische Zollkontor mit Register
September 1789-September 1790

1357 Journal über das Holsteinische Zollkontor mit Register
September 1790-November 1791

1358 Journal über das Holsteinische Zollkontor mit Register
November 1791-Januar 1793

1359 Journal über das Holsteinische Zollkontor mit Register
Januar 1793-Juni 1794

1360 Journal über das Holsteinische Zollkontor mit Register
Juni 1794-Juni 1795

1361 Journal über das Holsteinische Zollkontor mit Register
Juni 1795-Juni 1796

1362 Journal über das Holsteinische Zollkontor mit Register
Juni 1796-Oktober 1797

1363 Journal über das Holsteinische Zollkontor mit Register
November 1797-Februar 1799

1364 Journal über das Holsteinische Zollkontor mit Register
März 1799-Juli 1800

1365 Journal über das Holsteinische Zollkontor mit Register
Juli 1800-September 1801

1366 Journal über das Holsteinische Zollkontor mit Register
September 1801-Juni 1803

1367 Journal über das Holsteinische Zollkontor mit Register
Juni 1803-Dezember 1804

1368 Journal über das Holsteinische Zollkontor mit Register
Dezember 1804-Juni 1806

1369 Journal über das Holsteinische Zollkontor mit Register
Juni 1806-März 1808

1370 Journal über das Holsteinische Zollkontor mit Register
März-Oktober 1808

1371 Journal über das Holsteinische Zollkontor mit Register
Oktober 1808-Juni 1809

1372 Journal über das Holsteinische Zollkontor mit Register
Juni 1809-Februar 1810

1373 Journal über das Holsteinische Zollkontor mit Register
Februar-August 1810

1374 Journal über das Holsteinische Zollkontor mit Register
August-November 1810

1375 Journal über das Holsteinische Zollkontor mit Register
November 1810-Februar 1811

1376 Journal über das Holsteinische Zollkontor mit Register
Februar-Mai 1811

1377 Journal über das Holsteinische Zollkontor mit Register
Mai-September 1811

1378 Journal über das Holsteinische Zollkontor mit Register
September 1811-April 1812

1379 Journal über das Holsteinische Zollkontor mit Register
April-Juli 1812

1380 Journal über das Holsteinische Zollkontor mit Register
Juli-Dezember 1812

1381 Journal über das Holsteinische Zollkontor mit Register
Dezember 1812-April 1813

1382 Journal über das Holsteinische Zollkontor mit Register
April-November 1813

1383 Journal über das Holsteinische Zollkontor mit Register
November 1813-Juni 1814

1384 Journal über das Holsteinische Zollkontor mit Register
Juni-Dezember 1814

1385 Journal über das Holsteinische Zollkontor mit Register
August 1815-Mai 1816

GENERALZOLLKAMMER- UND KOMMERZKOLLEGIUM (1816-1848)

Zollbehörden und Zollbeamte

56 Provisorische Instruktion zum Geschäftsgang des Generalzollkammer- und Kommerzkollegiums und zum untergeordneten Rechnungs- und Kassenwesen (in dänischer Sprache) 1840

57 Instruktion für die Zollunterbediensteten in Kiel und Flensburg sowie für den Zollassistenten in Langenfelde (1803-) 1836-1837
Darin: Musterexemplare eines Loßregisters und eines Verzeichnisses für ausfuhrzollpflichtige Waren

58 Ausarbeitung einer Instruktion für die Zollbeamten (1823-) 1838
Darin: dänischsprachige Instruktionen für Zollbeamte und Zollbedienstete in Dänemark und Kopenhagen; Musterexemplar einer preußischen Instruktion für die Geschäftsverwaltung eines Hauptzollamts

59 Uniformierung und Bewaffnung der Grenzkontrolleure
(1811) [1836-1838]

60 Abfassung der Erlasse des Generalzollkammer- und Kommerzkollegiums an Behörden in Dänemark in dänischer Sprache 1845-1846

61 Gebrauch der dänischen Sprache im Herzogtum Schleswig 1840-1848

62 Personalangelegenheiten von Zollbeamten in Glückstadt 1816, 1829-1830

Enthält: Zollkontrolleur Hempel; Transitzollzahlung des Geschäftsführers Johann Schröder

63 Bericht über die Zollkontrolleure in Dithmarschen 1838

942 Journal der reitenden Zollassistenten Geppel und Albertz in Preetz 1822-1825

Zollbauten

64 Bau von Zollgebäuden auf den Deichen in den holsteinischen Marschdistrikten 1838-1840

Zollordnungen, Verordnungen, Patente, spezielle Verfügungen

1478 Spezialregister zu den königlichen Resolutionen und Verordnungen 1765-1827

65 Erlass der Quarantänepassgebühren 1830

66 Berichte der Oberzollinspektorate zur Revision der Zollordnung 1840-1842

Darin: „Flensburger Zeitung“ vom 12. Mai 1842; Preisliste der Firma Glier senior, Klingenthal, für Musikinstrumente und Saiten

67 Verordnung zu den Ladungsdokumenten für seewärts eingehende Waren 1839-1841

68 Revision der Bestimmungen über Ladungsdokumente und deren Einführung in Dänemark 1842-1843

69 Veränderungen in der Zollordnung und in den Zolltarifen 1842-1847

70 Bericht des Justizrats Rudolf Schleiden über seine Reisebeobachtungen zu Zolleinrichtungen und Zollabfertigungsverfahren in Deutschland, Frankreich und Belgien 1843-1846
Darin: Druckschriften; Formulare

71 Patent zur Einfuhr von Spielkarten 1846-1847

72 Einführung von ausgeglühtem Eisendraht zur Schiffsversiegelung 1838

73 Einfuhr von Gift sowie Handel mit Medizinalwaren 1816-1845

74 Zollbehandlung der Briefsäcke und Depeschenbeutel fremder Kuriere beim Zollamt in Langenfelde sowie Zollbehandlung der Effekte fremder Diplomaten 1825-1847

75 Lösch- und Ladeplatz zum sogenannten Himmel an der Stör 1831-1839

76 Anlage eines Lösch- und Ladeplatzes in Wrist und vor dem Christianskoog 1846-1847

77 Lösch- und Ladeplätze an der Ostküste 1838-1843

78 Lösch- und Ladeplätze an der Westküste 1838-1848

79 Statuten des Handelsvereins in Flensburg 1831-1842

471 Verzollung einer Stubenuhr des Kammerherrn von Revenfeld in Altona 1830

475 Zahlungsanweisung zugunsten des Justizrats F. D. G. Wardenberg in Husum 1836

476 Warenproben der Polytechnischen Lehranstalt 1838-1848

Dänische Zollkommission (1831-1836)

80 Dänische Zollkommission: Gründung und Organisation 1831

81 Dänische Zollkommission: Protokolle der eingesetzten Komitees 1831-1832

82 Dänische Zollkommission: Entwurf zum neuen Zolltarif für Dänemark 1832

83 Dänische Zollkommission: Entwurf eines Ein- und Ausfuhrzolltarifs sowie eines Transitzolltarifs für Dänemark [1838]

Schleswig-Holsteinische Zollkommission (1830-1836)

84 Schleswig-Holsteinische Zollkommission: Einsetzung und Organisation 1830-1831

85 Schleswig-Holsteinische Zollkommission: vierwöchentliche Berichte an das Generalzollkammer- und Kommerzkollegium 1830-1832

86 Schleswig-Holsteinische Zollkommission: Aktenregistratur (mit Register) 1830-1835

87 Schleswig-Holsteinische Zollkommission: Protokollbuch (33.-65. Sitzung) 1831-1833

88 Entwürfe zur neuen Zollverordnung für die Herzogtümer [1831-1837]

89 Entwürfe zur neuen Zollverordnung für die Herzogtümer [1831-1837]

90 Entwürfe zum Einfuhr-, Durchfuhr- und Ausfuhrzolltarif für die Herzogtümer [1830-1836]

91 Zusammenstellung der Entwürfe zum schleswig-holsteinischen und dänischen Zolltarif [1832]

92 Vortrag des Kommissars in der holsteinischen Ständeversammlung zum Entwurf der Zollordnung 1836

93 Neuregulierung der Zollgebühren im neuen Zollgesetz 1831-1833

95 Erläuterungen der Zollkommission für die Finanzdeputierten zum Entwurf des neuen Zolltarifs 1831

94 Erläuterungen der Zollkommission für die Finanzdeputierten zum Entwurf des neuen Zolltarifs: Materialien 1831

96 Einführung der Versicherung auf Treu und Glauben in Zollangelegenheiten (1798) [1830]

97 Zollverstöße sowie ihre Verhinderung und Bestrafung 1830-1831

98 Verordnungen und Anweisungen zum Kassen-, Rechnungs- und Hebungswesen bei den Zollbehörden (1781-1838)

99 Kassenuntersuchungen in Kappeln 1835

100 Verzollung bestimmter Waren nach Gewicht statt nach Taxationswert 1831-1834

101 Verlauf der Grenzzolllinie bei Oldesloe und Neustadt 1830-1831

102 Befreiung von Handwerkern und Zünften in Altona vom Zoll für die Ausfuhr ihrer Produkte in holsteinische Landgebiete (1822-) 1824-1832

103 Eingabe der Zuckerraffinadeure in Flensburg zur Zollermäßigung für Rohzucker und zur freien Einfuhr in Dänemark (1828) 1830

104 Beschwerden der Landschaft Süderdithmarschen sowie der Schiffer und Händler in Burg über die doppelte Ein- und Ausklarierung der über Wilster nach Burg ein- oder auszuführenden Waren (1823-) 1828-1835

105 Zoll der Fischer in Blankenese für den nach Glückstadt und zu anderen Orten auf den Markt gebrachten Frischfisch 1826-1827

106 Brüche der Kaufleute D. D. Wilms und J. J. Wilms in Schleswig wegen Verletzung der Zollsiegel 1817-1824

107 Weigerung des Magistrats in Kiel zum Eintreiben von Zollbrüchen 1825-1831

108 Bestrafung des Müllers Paul Thamling in der Bülowschen Wildnis für Zollvergehen seines Sohnes und Verantwortlichkeit des Brotherrn für Zollvergehen eines Dienstboten 1824-1828

109 Zollvergehen des Holländereipächters Guinand in Gronenberg und des Pächters Stuhr in Schwochel 1822-1832

110 Auffinden einer Flinte auf dem Wagen des Butterfuhrmanns Hans Rathjens aus Sarlhusen und Erlass besonderer Strafbestimmungen gegen das Mitführen tödlicher Waffen bei Zollvergehen 1833-1834

111 Gewalttätigkeiten gegen Zollbedienstete in Kellinghusen 1828-1831

112 Zusammenstellung der Zollvergehen im Herzogtum Holstein mit Aktenauszügen über die mit Gewalttätigkeiten verbundenen Fälle 1831-1833

113 Umwandlung von Vermögensstrafen bei Zollvergehen in Freiheitsstrafen (1760) 1820-1834
Enthält u. a.: Fuhrmann Gregert Jans, Garding; Bote J. N. Nagel, Schwienkuhl

114 Gutachten, Aufsätze und Vorstellungen zum Zollwesen in den Herzogtümern vom Ratsverwandten Stuhr in Friedrichstadt, vom Zollverwalter Oberstleutnant von Brockdorff in Kiel und von den Kaufleuten in Kiel 1830-1832

115 Zollbehandlung der Transitwaren im Herzogtum Holstein 1835

116 Antrag des Postmeisters Triller in Plön auf Herabsetzung der Zollabgaben für die mit der königlichen Frachtpost eingehenden Waren 1830-1831

117 Einführung besonderer Frachtbriefe für die mit der königlichen Frachtpost nach Eutin einzuführenden Waren 1822-1832

118 Beförderung von Frachtgütern durch die königlichen Postämter und Postkontore in Hamburg, Lübeck und Altona in das Zollinland sowie deren Kontrolle auf den Genzzollstätten der Herzogtümer 1822-1833

119 Herabsetzung des Ausfuhrzolls auf Torf in der Herrschaft Pinneberg 1812-1824

120 Reinigung und Unterhaltung der durch das Kronwerk in Rendsburg führenden Post- und Landstraße 1835

121 Behandlung von Strandgütern (1803-) 1834
Darin: Strandordnung von 1803

122 Erlass einer Bestimmung zum Ausmessen von Salz 1831

Kombinierte Zollkommission (1836-1838)

123 Kombinierte Zollkommission: Einsetzung und Organisation 1836-1837

124 Kombinierte Zollkommission: Geschäftsjournal 1836-1838

125 Kombinierte Zollkommission: Protokolle der Plenarsitzungen, Komitees und Sektionssitzungen 1836-1837

126 Kombinierte Zollkommission: Protokollbuch der Plenarsitzungen Oktober-November 1837

127 Kombinierte Zollkommission: Protokollbuch des Tarifkomitees 1836-1837

128 Kombinierte Zollkommission: Sektionsprotokoll des zweiten Komitees 1836-1837

129 Kombinierte Zollkommission: Protokollbuch zur Redaktion der Abschnitte 11-12 und 15-16 der neuen Zollordnung Mai 1837

130 Kombinierte Zollkommission: einzelne in der Plenarsitzung zu beratende Bestimmungen der Zollordnung 1837

131 Gutachten der Ständeversammlungen zum Entwurf der Zollordnung 1836

132 Vorstellung der Kombinierten Zollkommission zum Gutachten der Ständeversammlungen über den Entwurf der Zollordnung 1837

133 Bestimmungen über Schiffsankaufsgelder und Schifffahrtsabgaben in der Zollordnung (1826-) 1830-1838

134 Behandlung der Reisenden an Grenzzollstätten 1837

135 Handelsverkehr der Herzogtümer mit Dänemark und das gegenseitige Verhältnis in Zollangelegenheiten 1830-1837

136 Inländischer Warenverkehr 1830-1837

137 Bestimmungen über die Kreditauflage in der Zollordnung (1801-1802) 1831-1834

138 Verwendung eines Überschusses des Reinertrags aus den Zollabgaben der Herzogtümer 1837

139 Differenz über die Ermäßigung der anzusetzenden Zolleinkünfte 1837-1838

140 Zollgebühren und Sporteln 1831-1838

141 Zollstrafen und Verfahren in Zollstrafangelegenheiten 1837-1838

142 Aus- und Umarbeitung des Zolltarifs [1831-1837]

143 Antrag auf der Ständeversammlung des Herzogtums Schleswig zu den Kosten bei einer Verhaftung anlässlich eines Zollvergehens 1838

Bemerkung: Handakte des Justizrats und Departementschefs des Generalzollkammer- und Kommerzkollegiums Francke

144 Zusammenstellung der Fälle von Gewalttätigkeiten gegen Zollbeamte im Zeitraum von Dezember 1835 bis Februar 1838 und Mitteilungen über den Gang des Strafverfahrens 1838

145 Normierung der Binnenkontrolle durch Anlage eines Grenzdistrikts oder Zollgürtels an den Wasser- und Landgrenzen der Herzogtümer sowie beiderseits der Wasserläufe 1838

146 Monatliche Ablieferung der Zolleinnahmen an die Hauptkasse in Rendsburg und die diesbezügliche Berichterstattung der Zollstätten 1836-1838

147 Bitten von Gewerbetreibenden, Fabrikanten, Kaufleuten und Landleuten der Herzogtümer um Erhalt und Förderung ihrer Gewerbe und Betriebe 1836

148 Gutachten und Petitionen des Handelsstandes in Flensburg zum Zollgesetz und Zolltarif (1830) 1836

149 Einführung dänischer Maße und Gewichte in den Herzogtümern als Zollmaße und Zollgewichte (1768-) 1838

150 Ansetzung von Kaufleuten, Handwerkern, Gewerbetreibenden und Zünften in den Herzogtümern zu den Ein- und Ausfuhrzöllen sowie zu den Transitzöllen 1830-1838

151 Zollvergünstigungen und Akzise der Stadt Altona (1830) 1831-1837

152 Kombinierte Zollkommission: Abschriften und Drucke von Rundschreiben und Verordnungen (1755-) 1797-1838

153 Druck der bei der Zollordnung angehängten Formulare für den Gebrauch im Zollwesen [1838]

Zollentschädigungskommission (1838-1846)

154 Zollentschädigungskommission: Honorierung des Amtmanns Carl Ludwig von Warnstedt in Flensburg und des Advokaten Lobedanz in Friedrichsholz für ihre Kommissionstätigkeiten 1842, 1847

155 Aufhebung der Zollfreiheiten und Entschädigung der Zollprivilegierten 1830-1835

157 Verhandlung mit den Zollprivilegierten wegen Aufhebung der Zollfreiheit und Zollentschädigung sowie Wegfall von Rekognitionen und Rückgabe von Einkaufsgeldern von Distrikten für die Zollfreiheit 1830-1839

156 Verhandlung mit den Zollprivilegierten wegen Aufhebung der Zollfreiheit und Zollentschädigung sowie Wegfall von Rekognitionen und Rückgabe von Einkaufsgeldern von Distrikten für die Zollfreiheit 1840-1847

158 Vereinbarung mit der Ritterschaft über die Zollentschädigung der adligen Güter und Klöster (1833) 1838-1840

159 Zollentschädigung: Guts- und Klosteruntergehörige sowie Pächter adliger Güter 1840-1846

160 Zollentschädigung: adlige Patronatskirchen 1841-1843

161 Verzicht der Geistlichen des Törninglehns und der Propstei Haderslebenauf ihre Zollfreiheiten 1832-1839

162 Zollfreiheit des Etatsrats von Heintze in Schleswig für die Fideikommissgüter Hagen und Dobersdorf sowie Zollfreiheit der Besitzer von Fideikommissgütern allgemein (1814) 1824-1827
Darin: „Schleswig-Holsteinische Anzeigen" vom 25. April 1814

163 Zollentschädigung: Landschaft Norderdithmarschen 1838-1845

164 Zollentschädigung: Landschaft Süderdithmarschen (1808-) 1830-1838

165 Zollentschädigung: Landschaften Norderdithmarschen und Süderdithmarschen (1819-) 1830-1833

166 Verlegung von Truppenteilen nach Dithmarschen zur Unterstützung der Zollaufsichtsbehörden anlässlich der Aufhebung der Zollfreiheiten (1777, 1804) 1838-1841

167 Kostenberechnung für die Verlegung von Truppenteilen nach Dithmarschen 1838-1842

168 Zollfreiheiten und Zollentschädigung: Krempermarsch und Wilstermarsch (1747, 1768) 1769-1770, 1822-1841

169 Zollentschädigung für Distrikte in den Herzogtümern 1838-1841

170 Zollentschädigung: Landschaft Nordstrand (1731, 1821) 1838-1841

171 Zollentschädigung: Herrschaft Herzhorn, Sommerland und Grönland (1653) 1838-1841

172 Zollentschädigung: Cordische Ländereien bei Glückstadt und Steinburger Vorwerksländereien 1838-1841

173 Zollentschädigung: Pflüge der neuen königlichen Eingesessenen in Beidenfleth 1840-1843

174 Zollentschädigung: Rhederscher Hof vor Glückstadt und früher dazugehöriges Landstück des Casper Friedrich Bornholdt in der Bülowschen Wildnis 1838-1843

175 Zollentschädigung: Stelle des Johann Hermann Struckmeyer in Wedel (1717) 1841

176 Zollentschädigung: Ehefrau Carstens geborene Uhrbrock in Bargteheide 1844-1845

177 Zollentschädigung: Klosterhof in Neustadt (1619, 1777) 1846

178 Zollentschädigung: Bruhnsche Ländereien und Buntenhof bei Glückstadt, Dorf Wewelsfleth und Gut Bekdorf (1662, 1816) 1840-1842

179 Zollentschädigung: lübsche Güter (1829) 1835-1843

180 Zollentschädigung: Kanzleigut Tangstedt (1838) 1839

181 Zollentschädigung: Hofbesitzer Franz Hinrich Heinsohn in Wedel und Kanzleigut Flottbek (1608, 1731-) 1839-1842

182 Zollentschädigung: Bülowsche Wildnis und Blomesche Wildnis 1838-1842

183 Zollentschädigung: Stadtstiftsdorf Westerau (1793-) 1840-1843

Enthält u. a.: Abschrift eines Vergleichs mit der Stadt Lübeck wegen strittiger Landeshoheit, 1806

Darin: Dienstreglements, 1793, 1829

184 Zollentschädigung: oldenburgische Fideikommissgüter 1840-1841

185 Zollfreiheiten und Zollentschädigung: Güter Nübel, Norgaard und Unewatt sowie zu letzterem gehörige Stelle in Brodersby 1788-1846

186 Kommission zur Erwägung der über die Zollentwürfe für das Königreich und die Herzogtümer erstatteten Gutachten der Provinzialstände: Immediatvorstellungen und Resolutionen 1838

Zollfreiheiten

Fürstliche Zollfreiheiten

187 Zollfreiheiten: oldenburgische Fideikommissgüter (1673) 1724-1837

188 Zollfreiheit: Waren für die Hofhaltung in Eutin 1740-1832

189 Zollfreiheit: Herzog von Schleswig-Holstein-Sonderburg-Augustenburg (1780-) 1821-1839

190 Zollfreiheit: Mitglieder der Häuser Schleswig-Holstein-Sonderburg-Augustenburg und Schleswig-Holstein-Sonderburg-Glücksburg 1838-1839

191 Einschränkung und Aufhebung der Zollfreiheit des Hauses Schleswig-Holstein-Sonderburg-Augustenburg 1813-1842

192 Dokumente über Warenlieferungen an das Haus Schleswig-Holstein-Sonderburg-Augustenburg 1839-1846

193 Zollfreiheit: Prinz Friedrich Emil August von Schleswig-Holstein-Sonderburg-Augustenburg 1825-1826

194 Ausstellung von Zertifikaten für die vom Prinzen Friedrich Emil August von Schleswig-Holstein-Sonderburg-Augustenburg eingeführten Waren 1833-1834

195 Antrag des Herzogs von Schleswig-Holstein-Sonderburg-Beck auf Zollfreiheit (1765) 1822-1824

Zollfreiheit der adligen Güter

196 Zollfreiheit adliger Güter 1816-1826

197 Zollfreiheit adliger Güter bei Zerstückelung oder Ablage von Parzellen sowie bei Verpachtung an mehrere Pächter 1820-1822

198 Zoll- und Lizentfreiheit der Klöster und adligen Güter im Allgemeinen (1649-) 1724-1836

199 Zollfreiheit der Administratoren adliger Güter (1815-) 1817-1821
Enthält: Kammerrat Petersen (Oberinspektor des Augustenburger und Gravensteiner Güterdistrikts und Administrator des Vorwerks Augustenburg); Oberstleutnant Kamp (Oberinspektor des Statthalters Carl von Hessen)

200 Vergrößerung adliger Güter durch den Zukauf von Bauernland 1806-1827

201 Ausstellungen von Identitätsbescheinigungen durch das Gut Wandsbek 1842

202 Verschenken zollfreier Gegenstände an Zollpflichtige 1837

203 Mitunterschrift des Kurators bei Zertifikaten von Besitzerinnen adliger Güter und von Konventualinnen der Klöster 1832-1833

204 Wiegen der für Besitzer adliger Güter eingehenden Waren und der ausgehenden Produkte der Güter 1833-1834

205 Zollfreiheit für zugelegtes Bauernland des Gutes Rastorf 1818

474 Zollfreiheit des Gutes Quarnbek 1827

206 Tausch zollfreier Ländereien des Gutes Quarnbek gegen unbefreite Organisten- und Bauernländereien sowie Neuordnung der Zollverhältnisse 1827-1828

207 Zollfreiheit von Bürgern aus Hamburg für die aus dem Areal adliger Güter erworbenen Lustgärten 1830

208 Beschwerden adliger Güter hinsichtlich der Zollfreiheit 1822-1827 (-1835)

209 Bewilligung der zollfreien Einfuhr von Baumaterialien für die Mühlen in der Blomeschen Wildnis und Bülowschen Wildnis (1803) 1817-1840

210 Zollfreie Einfuhr von Rohstoffen für die Branntweinbrennereien der adligen Güter und Ausfuhr von Branntwein 1821-1834

211 Zollfreiheit adliger Güter (1828-) 1832-1836

212 Zollfreiheit adliger Güter für die Einfuhr von Baumaterialien (1822-) 1824-1833

213 Zollfreie Einfuhr von Baumaterialien, Inventarstücken und Rohstoffen für die Fabrikbetriebe adliger Güter und Klöster (1805) 1824-1833

214 Zollfreie Einfuhr von Eisen und Kohlen für die Gutsschmieden (1814-) 1818-1826

215 Zollfreiheit adliger Güter für die Einfuhr von Ölkuchen zur Viehmästung 1830-1835

216 Zollfreiheit adliger Güter für die Ausfuhr von Wild und Fischen sowie die Einfuhr von Jagdgeräten und Fischgarn 1823-1834

Enthält auch: Wagenzoll für einen Transport von Buchenholz vom Gut Glasau nach Lübeck

217 Zollfreie Einfuhr von Pferdegeschirr und Raps-Saatsegel in das Gut Perdöl 1836-1838

218 Beschränkung der Zollfreiheit adliger Güter bei Transitauflagenwaren 1835-1838

Enthält: Haferlieferung des Handlungshauses Lienau und Mester, Neustadt; Salzhandel des Kaufmanns Schönfeldt, Heiligenhafen; Salzhandel des Krügers und Hökers Hinrich Klahn, Hohenfelde

219 Zollpflicht adliger Güter für die Ausfuhr von Dachkupfer 1830-1837

Enthält: Petersdorf (mit Handzeichnung zum Verlauf der Straße von Petersdorf nach Lübeck durch Neustadt); Borstel; Salzau

220 Zoll adliger Güter für die Ausfuhr von Wolle von den aus der Fremde eingeführten Schafen 1826-1837

221 Zoll der Pächter adliger Güter für die Einfuhr von Musikalien und Musikinstrumenten (1817) 1832-1835

Darin: Bekanntmachung zur Verzollung des Warenverkehrs zwischen Altona, Hamburg und der dortigen Gegend mit den ehemaligen Plöner Gebieten und Eutin, 1817

222 Zoll der Pächter adliger Güter für Wein und Branntwein (1832) 1833-1834

223 Zollfreiheit des Pächters des Meierhofs Meilsdorf beim Zollbaum des Krugs in Braak 1836

224 Zollfreiheit der Administratoren der Grafschaft Rantzau 1795-1830

225 Zollfreiheit der Untergehörigen des Sankt Johannisklosters vor Schleswig 1824-1825

226 Zollfreiheit des Meierhofs Sophienruhe 1817

228 Zollfreiheit des Hofes Luschendorf (1749-1762) 1804

227 Zollfreiheit der Witwe des Dr. Fischer aus Hamburg für den Freihof in Ottensen (1672-) 1830-1832

229 Zollfreiheit des Kanzleigutes Bottschlott (1701, 1821) 1825-1826

230 Zollfreiheit des Gutes Sandberg und Gutes Ballegaard (1821) 1824-1836

231 Zollfreiheit des Gutes Böelschuby 1816-1818

232 Zollfreiheit der Parzelle Bocksrüde des Gutes Staun 1831-1832

233 Zollfreiheit des Meierhofs Lehmberg, des Meierhofs Lundshof und des Gutes Süssau (1837) 1839

234 Zollfreiheit des Gutes Fischbek (1838) 1839

235 Zollfreiheit des Gutes Gravenstein und des Vorwerks Schellgaard oder Freileben (1784) 1822-1823

236 Zollfreiheit der Güter Hoffnungstal, Eschelsmark, Bienebek und Louisenlund 1829-1838

237 Zollfreiheit des Gutes Laygaard (1834-) 1836

238 Zollfreiheit des Gutes Lindau (Amt Gottorf) (1784-1786) 1824-1825
Enthält u. a.: Verzeichnis über Stellenbesitzer mit Angabe zur Landgröße

239 Zollfreiheit des Gutes Maasleben 1835

240 Zollfreiheit des Mitbesitzers des Gutes Mirebüll 1835-1836

241 Zollfreiheit des Meierhofs Hasselberg und der Parzelle Kieholm (1792) 1824-1825

242 Zollfreiheit der Parzelle Pommerbyhof und des adligen Gutes Priesholz (1824) 1825-1826, 1838

243 Zollfreiheit des niedergelegten Gutes Sandbek (1826) 1828-1835

244 Zollfreiheit des Gutes Seegaard (1834-) 1838-1839

245 Zollfreiheit des Gutes Seegarden (Pellworm) (1828-) 1833
Darin: Beschreibung des Gutes Seegarden mit Verkaufsbedingungen, 1828

246 Zollfreiheit der Güter Sehestedt und Hohenlieth sowie der Meierhöfe Neubarkelsby und Sonderbyhof (1834) 1835-1836

247 Zollpflicht des Gutes Wischhof (1752) 1782, 1822

Zollfreie Distrikte

248 Warenverkehr mit zollfreien Distrikten 1817-1826

249 Weiterverkauf der in Dithmarschen zollfrei eingeführten Waren nach Zolldistrikten (1730) 1806-1830

250 Bestimmung der Landstraßen in den an Dithmarschen grenzenden Zolldistrikten hinsichtlich des Transports unberichtigter Waren 1824-1829

251 Zollfreiheit von Dithmarschen 1781-1838

252 Allgemeine Zollverhältnisse in Dithmarschen 1809-1827
Darin: Verordnungen

253 Nachrichten über die Zollfreiheit der Landschaft Süderdithmarschen sowie der Krempermarsch und der Wilstermarsch [1814, 1830]

254 Zollfreiheit der Krempermarsch und der Wilstermarsch 1831-1833 (1860)

255 Zollprivilegien der Landschaft Norderdithmarschen (1816-) 1823-1829

256 Schiffsabgaben und Lastgelder der beiden Dithmarschen (1819-) 1822-1823

257 Vorschläge des Zollkontrolleurs Rohlfs in Meldorf zur Zollaufsicht in Dithmarschen (1819) 1822-1825
Darin: Plakat zur Aufhebung des Ausfuhrzolls für Kornwaren, 1819

258 Grenzkontrolle in Dithmarschen (1812, 1819) 1821-1827

259 Grenzkontrolle in Dithmarschen 1824-1833

260 Zollgerechtigkeit des Zollhauses in Sande 1812, 1840

261 Zollfreiheit der Halbinsel Beveroe (1836-) 1838-1839

262 Zollfreiheit und Zollstätte auf der Insel Röm 1782-1842
Darin: Bekanntmachung zu den Zollhebungsposten und Meldeposten an den Grenzen sowie im Innern der Herzogtümer, 1839

Zollfreiheit der Köge

263 Zollfreiheit und Zollentschädigung von Kögen (1695-) 1756-1843

264 Zollfreiheit des Karolinenkoogs (1623-) 1804-1832

265 Zollfreiheit des Grothusenkoogs und des Wilhelminenkoogs 1822

266 Zollfreiheit des neuen Christian-Albrechts-Koogs, Marienkoogs und Dagebüllerkoogs (1700-) 1822-1825

267 Zollfreiheit des Kleinseerkoogs und des Kleiseerkoogs 1776, 1834-1835

268 Zollfreiheit des Friedrichskoogs 1827-1837

269 Zollfreiheit des Meggerkoogs 1838

Zollfreiheit der Städte, Flecken und Dörfer

270 Denkschrift zu den Zoll- und Handelsverhältnissen in Altona (1838) 1841

Enthält u. a.: Übersicht der 1839 zur Bestätigung eingesandten Privilegien und Konzessionen aus Altona
Darin: Bekanntmachung zu den Zollvergünstigungen der Stadt Altona und des Fleckens Wandsbek, 1838

271 Denkschrift über das Zollwesen in Wandsbek 1845

272 Regulierung der Zollverhältnisse in Altona und Wandsbek 1838-1842

Enthält u. a.: Kommissionalbericht zu den Zollrechten Altonas; Bericht der Stadt Kiel über die mögliche Aufhebung der Zollfreiheit der Stadt Altona

273 Regulierung der Zollverhältnisse in Altona und Wandsbek 1838-1843

Enthält u. a.: Übersicht über die Zollabgaben für die Einfuhr von Fabrik- und Handwerkerwaren aus Altona in das zollpflichtige Inland
Darin: Patente zu den Zollvergünstigungen in Altona und Wandsbek

274 Regulierung der Zollverhältnisse in Altona und Wandsbek (1843) 1844-1845

Darin: Patent zu den Zollvergünstigungen in Altona und Wandsbek, 1843; Instruktion für die Beamten der Fabrikkontrolle in Altona, 1843

275 Warenausfuhr und Handelsfreiheit von Altona 1813-1818

276 Befreiung der Schiffer in Altona von den Extra-Last- und Ranzionsgebühren 1760-1769 [1800]

277 Denkschriften des Oberpräsidiums und des Magistrats in Altona zur Akzise (1656-) 1833-1848

278 Abhandlung der Viehakzise in Altona durch die hochdeutsch-israelitische Gemeinde 1734-1842

279 Abhandlung der Viehakzise in Altona durch das dortige Schlachteramt 1799-1846

280 Akzise in Altona (1736-) 1827-1840

Enthält u. a.: Konzessionen für eine Bierauflage; Gehalt der Akzisevögte

281 Zollverhältnisse in Glückstadt 1815-1831
Enthält u. a.: Einrichtung eines Freihafens; Ausdehnung der Zollgrenze; Abschaffung von Befreiungen; Gewährung von Privilegien
Darin: Plakate zu Zollbegünstigungen für die in den Hafen in Glückstadt einlaufenden Schiffe, 1830

282 Berichte der Oberzollinspektion über die Zollverhältnisse in Glückstadt 1830-1838
Enthält u. a.: Erweiterung der Kreditauflagenfreiheit; Legitimation der hannoverschen Schiffe; Behandlung der Havarie-, Winterlager- und Strandschiffe; Privilegien

283 Entschädigung von Glückstadt für den Verlust der Zollfreiheit 1831-1842

284 Zollfreiheit der Städte Eckernförde und Sonderburg für die Einführung von Kalk 1719-1736, 1817-1818, 1849-1852
Enthält u. a.: Notaten zur Zollrechnungen 1725 der Stadt Eckernförde; Notaten zu Zollrechnungen 1718-1735 der Stadt Sonderburg

285 Entschädigung der Stadt Plön für den Verlust der Zollfreiheit (1709-1731) 1838-1847

286 Zollvergünstigung der Krämerkompanie, des Ballhauses und des Warleberger Hofs in Kiel (1682-) 1775-1839

287 Zollfreiheit der lübschen Stadtstiftsdörfer (1712) 1763-1837

288 Zollprivilegien der Brüdergemeine in Christiansfeld 1772-1816
Darin: Instruktion für die königliche Warenkontrollkommission, 1812

Zollvergünstigung für Handel, Fabriken und Fischerei

289 Frühere Zollvergünstigung des Handels auf Grönland, Island und den Färöern 1837-1853

290 Begünstigungen für Robben- und Walfangschiffe 1816-1847

291 Zollvergünstigung für Heringsfischerei 1767-1777, 1826-1837
Enthält: Altona; Steinberghaff; Keitum; Flensburg

292 Schiffsabgaben in Brunsbüttel 1828

293 Zollfreiheit der Apotheken in Schleswig und Tönning (1652-) 1778-1844
Enthält u. a.: Abschriften von Privilegien der Hofapotheken in Schleswig, 1652-1750

294 Umfang der Zollfreiheit des Apothekers Johann Andreas Schulze in Oldenburg für verbrauchte Medizinalwaren (1776) 1806-1829

472 Zollfreiheit der Armenkommission in Rendsburg für eine Flachslieferung zur Arbeitsbeschaffung in der Textilverarbeitung 1824

Persönliche Zollfreiheiten

295 Allgemeine Abhandlungen und Nachrichten über zollfreie Personen und Distrikte 1775-1826

296 Zollfreiheit des Statthalters (1757, 1768) 1789-1842

297 Zollfreiheit auf Ausfuhrartikel für Prediger, Obergerichtsräte und andere Personen (1789-) 1791-1836
Enthält u. a.: Pastor Eckermann, Ratekau; Obergerichtskanzler von Jügert

298 Versagung der Zollfreiheit für emeritierte Personen (1820) 1821-1837
Enthält: Pastorenwitwe Catharina Dorothea de Charles, Neumünster; Pastor Henningsen, Kellinghusen, Stellau; Konsistorialrat Kruse, Segeberg

299 Zollfreiheit der Prediger auf Westerlandföhr und Amrum 1831-1837

300 Zollfreiheit der Kirchspielvögte in Dithmarschen und Entschädigung für die Aufhebung 1815-1839
Enthält u. a.: Verzeichnisse der in den Kirchspielvogteien nach inländischen Orten klarierten Dithmarscher Waren von 1811 bis 1814

301 Zollfreiheit für Ausstattungssachen der Frau des anhalt-dessauschen Kammerherrn Friedrich Johann von Hedemann-Heespen auf Deutsch-Nienhof 1824-1826

302 Zollfreiheit der Universität zu Kiel (1671-) 1774-1855

Grenzzölle und Zollstätten

303 Protokolle der Kommission zur Anlage neuer Grenzzollstätten 1811

304 Korrespondenz mit der Kommission zur Anlage neuer Grenzzollstätten 1807-1818
Darin: Skizzen zum Wegeverlauf zwischen Neustadt und Ahrensbök sowie zwischen Reinfeld und Hamberge

305 Anstellung von Grenzkontrolleuren an der lübschen Grenze (1808) 1811, 1829-1830
Darin: Verordnung über nicht aus- und einzuführende Waren, 1808

306 Errichtung von Zollstätten an der lübschen Grenze (1733, 1761) 1792-1794, 1828

307 Zollverhältnisse der plönischen Ämter und Errichtung einer Zollstätte in Plön (1686) 1770-1810, 1829

308 Zollverhältnisse in den plönischen Ämtern 1628-1817

309 Nebenzölle in Fegetasche, Tensfelder Au, Wolterskrug, Stawedder, Steenkrütz mit Haffkrug 1763-1809

310 Nebenzölle in Fegetasche, Tensfelder Au, Wolterskrug, Stawedder, Steenkrütz mit Haffkrug 1809-1842

311 Verhältnis der Grenzzollstätten zum Fürstentum Lübeck 1827-1835

312 Zollverhältnisse im Fürstentum Lübeck 1760-1817

313 Konvention wegen der gemeinschaftlichen Zollstätte in Preetz 1768

314 Anschaffung und Reparatur von Schlagbäumen in den Ämtern Reinbek und Trittau 1802-1814, 1834-1835

315 Verlegung von Zollstätten in den Ämtern Reinbek und Trittau 1834-1838

316 Zolleinrichtung in Hoyer 1836-1845

317 Zollaufsicht im Zolldistrikt Tondern und Zolleinrichtung in Ballum 1796-1838

Zollverpachtungen

318 Verpachtung der Landfracht-, Wege- und Holzzölle in den Ämtern Reinbek und Trittau, Aufhebung dieser Zölle und Ersetzung durch die Chausseegelder 1770-1838

319 Beschwerde gegen die Baumpächter in den Ämtern Reinbek und Trittau wegen Erhebung von Wagengeld für leere Wagen 1811-1823

Branntweinsteuer

320 Aufhebung der Differenzzölle und der Zollgrenze zwischen dem Herzogtum Schleswig und Jütland sowie Einführung einer Branntweinsteuer (1827-) 1841-1847

Enthält u. a.: Übersichten über die Branntweinbrennereien in den Ämtern und Landschaften der Herzogtümer; Nachrichten über den Warenverkehr

321 Branntweinsteuer 1844-1846

Darin: Verordnungen zu verschiedenen Steuern und Abgaben sowie zu Zollangelegenheiten

Transitzölle

322 Transitzoll für den Transitverkehr durch das Herzogtum Holstein 1779, 1810

323 Verzeichnis der von 1822 bis 1824 bei der Zollstätte in Kiel expedierten Transitgüter 1827

324 Beschränkung des Transithandels mit Kornbranntwein in Altona sowie Gebühren des Kämmerers für die entsprechenden Ausfertigungen und für die Führung des Schiffsregisters (1718, 1833) 1836-1845

325 Aversionalsummen für die Passage von Transitposten durch die Herzogtümer Holstein und Lauenburg 1839-1848

326 Vereinigung der Herzogtümer Holstein und Lauenburg zu einem Transitzollverein 1836-1843

327 Allgemeine Verhandlungen über den Transitzoll 1834-1838

328 Verträge mit Hamburg und Lübeck über den Transithandel, Transitzoll im Herzogtum Holstein, Trave, Stecknitz und lübeckische Flagge im Sund (1547-) 1838-1845

Darin: Protokolle der Deutschen Bundesversammlung 21. und 31-34. Sitzung, 1838; Patente

329 Interpretation des Transitzolltarifs 1839-1846

330 Beschwerde der Städte Lübeck und Hamburg beim Bundestag wegen des Transitzolls im Herzogtum Holstein (1547-) 1838-1840

Darin: Protokoll der 21. Sitzung der Bundesversammlung, 1838; „Staats- und Gelehrte Zeitung des Hamburgischen Unpartheiischen Correspondenten“ vom 25. bis 29. September 1828; Druckschrift „On the Attempt of Denmark to impose a prohibitive Duty on the Transit of Goods between Lubeck and Hamburg“, 1838

Zollpolitisch innerer Verkehr

331 Warenverkehr mit der Westküste sowie den dortigen Inseln und Halligen 1774-1825

332 Warenverkehr mit der Westküste sowie den dortigen Inseln und Halligen 1825-1833

333 Warenverkehr mit der Westküste sowie den dortigen Inseln und Halligen 1833-1839

334 Warenverkehr mit der Westküste sowie den dortigen Inseln und Halligen 1819-1834, 1839-1862

335 Zollbehandlung des Warenverkehrs mit den Elbinseln 1783-1838

336 Aufhebung der Zollgrenze zwischen dem Herzogtum Schleswig und Jütland 1845-1846

Schifffahrt und Strompolizei

495 Quarantäne 1770-1848
Darin: dänischsprachige Instruktion für das Kreuzzollwesen im Hinblick auf die Quarantänegesetzgebung, 1848; Verordnung zur Verhütung ansteckender Krankheiten, 1801; Reglement zu den Passgebühren und zu anderen Kosten für das Quarantänewesen, 1805

501 Hafenwesen in den Herzogtümern 1812-1848
Enthält u. a.: Übersichten über die Hafenkassen
Darin: Verordnungen zur Gründung der Reichsbank sowie zum Geld- und Münzwesen, 1813

338 Bericht über die schleswig-holsteinische Handelsflotte 1837-1838

483 Hafen in Apenrade 1783-1834
Darin: Hafen- und Brückenordnung, 1783

502 Hafen in Apenrade 1812-1834
Enthält: Auszug aus den Protokollen der Kanal-, Hafen- und Leuchtfeuerdirektion und des Generalzollkammer- und Kommerzkollegiums

486 Anlage eines Hafens in Büttelsiel 1821

343 Hafen in Flensburg 1805-1832

342 Hafen in Flensburg 1823-1847

487 Hafen in Garding (1693) 1815-1834

341 Befreiung von Lastgeldern für die wegen Havarie den Hafen in Glückstadt aufsuchenden Schiffe (1769-) 1793-1816
Darin: „Hamburgische Consumtions-Accise-Verordnung", 1815

340 Verzeichnis der wegen Havarie oder Eisgang den Hafen in Glückstadt anlaufenden Schiffe 1843-1847

503 Hafenbaukommission in Glückstadt 1845-1846

498 Hafen in Husum (1642-) 1739-1747, 1816-1828
Enthält: Hafenordnung; Tonnen- und Bakengelder
Darin: Tonnen- und Baken- sowie Brücken- und Hafenrolle in Husum, 1742

497 Hafen in Husum 1770-1834
Enthält u. a.: Auszug aus den Protokollen der Kanal-, Hafen- und Leuchtfeuerdirektion und des Generalzollkammer- und Kommerzkollegiums, 1812-1834

485 Anlage eines Hafens in Ockholm 1817-1819

496 Hafen auf Pellworm 1808-1814

484 Anlage eines Hafens beim Reußischen Koog oder Sophien-Magdalenenkoog 1819

491 Hafen in Schleswig sowie Besichtigung der Schlei und der Werke in Schleimünde 1812-1834

488 Hafen in Wyk: Revision der Rechnungen 1813-1817

489 Hafen in Wyk 1815-1822
Enthält u. a.: Entwurf einer Hafenordnung

500 Hafen in Wyk: Hafenschuld 1815-1835

499 Hafen in Wyk 1819-1833

494 Hafen in Wyk 1823-1829

504 Instruktionen für die Leuchtfeuerinspektoren in Marienleuchte auf Fehmarn, Pelzerhaken und Kekenis 1841-1846

480 Ausbaggerung der Elbe 1840-1848
Darin: Karte der Elbe vom Nesshaken bis zum Schweinesand; Karte des Fahrwassers bei Blankenese

526 Stecknitzbaukostenrechnung für 1843 1842-1844
Enthält auch: Zusammenfassung der Kostenrechnung für 1842

527 Stecknitzbaukostenrechnung für 1844 1844-1845

528 Stecknitzbaukostenrechnung für 1845 1845-1846

529 Stecknitzbaukostenrechnung für 1846 1846-1847

337 Berichte der Zollbehörden an der Trave über den Warenverkehr auf der Trave 1835-1854

339 Trave: Warenverkehr, Fischerei, Strompolizeireglement und Fahrwasser (1673) 1840-1848

Darin: Vertrag zwischen Dänemark und Lübeck über den Bau einer Eisenbahn im Herzogtum Lauenburg zwischen der lübeckische Grenze und Büchen, 1847

Schleichhandel

344 Verhütung des Schleichhandels in Glückstadt 1811-1830

345 Verhinderung des Schleichhandels nach Dithmarschen 1824

346 Bericht zum Schleichhandel in Dithmarschen (1824) 1826

347 Zollpflicht des auf indirektem Weg über Lübeck in das Amt Ahrensbök eingeführten Tabaks und Zichorienkaffees aus Hamburg und Altona (1835) 1836-1837

348 Zollunterschlagung der Viehhändler und Kätner Tiedemann und Franck in Sande (Amt Reinbek) 1837

349 Komplottmäßige Schmuggeleien (1839) 1840-1848

350 Unverzollte Einfuhr von Schiffsinventarstücken 1838-1844, 1858

Schleswig-Holsteinischer Kanal

492 Schifffahrt auf dem Schleswig-Holsteinischen Kanal und der Eider 1821-1847

Enthält u. a.: Reglement für die Fahrt; Instruktionen für den Kanalaufseher und seinen Assistenten; Instruktion für den Hafenmeister in Rendsburg; Regulativ für das Bugsierwesen; Regulativ für die Kanalaufsichtskommission

351 Geplante Verbindung der Ostsee mit der Niederelbe durch einen Barkenkanal vom Hafen in Kiel zur Stör (1804-) 1816-1825

Darin: „Vorschlag zu einem zwischen der Ostsee und der Niederelbe anzulegenden Barken-Kanale [...]". Kiel 1818; „Handels- og Industrie-Tidendte" vom 20. und 24. Oktober 1818; „Hamburgische Addreß-Comtoir-Nachrichten" vom 3., 7. und 10. September 1818; „Kurze Geschichte des projectirten Kieler Kanals und Darlegung der von demselben für die Stadt Kiel zu erwartenden wohlthätigen Folgen". Kiel 1822; zwei Karten zum Kanalverlauf

352 Verpachtung von Kanalländereien 1828-1846

Eisenbahn

353 Eisenbahn Berlin–Hamburg (1840) 1841
Darin: Frachttaxe für Güter von Altona und Hamburg nach Berlin, 1841; Liste von Preisen in Hamburg; Preistafel in der „Allgemeinen Preußischen Staats-Zeitung" vom 25. Juni, 2., 9. und 16. Juli 1841; „Freimüthiges Abendblatt" vom 23. Juli 1841; Einladung zur Unterzeichnung eines Fonds für eine Eisenbahnverbindung auf dem rechten Elbufer bis Wittenberge, 1840, sowie Liste der Unterzeichnungen, 1841; „Berlinische Zeitung" vom 8. September 1840

354 Eisenbahn Berlin–Hamburg 1841-1844
Darin: Generalplan der Verbindung; Grundriss der Stadt Hamburg nach dem Brand; Plan zur Verbesserung des Hammerbrooks, 1841; Bekanntmachung für das Herzogtum Lauenburg über die Verhältnisse einer Hamburg–Berliner Eisenbahn, 1842; Bericht des Komitees zur Gründung einer Aktiengesellschaft, 1842; Motivierung der Verkehrsverhältnisse der Berlin–Hamburger Eisenbahn

355 Eisenbahn Berlin–Hamburg 1844-1846
Darin: „Altonaer Mercur" vom 22. Februar 1845; „Börsen-Halle" vom 15. und 17. März 1845

356 Anlage einer Eisenbahn zur Verbindung der Nordsee mit der Ostsee (1835) 1836-1837

357 Eisenbahnberichte für 1844 bis 1847 1845-1848

358 Eisenbahnberichte: Materialien (1845) 1846-1848
Darin: Beilage des „Kieler Wochenblatts" vom 26. April 1845

359 Denkschrift über die Eisenbahnen in Dänemark und den Herzogtümern, besonders mit Bezug auf das handelspolitische Verhältnis zu Lübeck 1846

360 Hoheitsrechte über die vom Fürstentum Lübeck abgetretene Uferstrecke an der Trave und ihre Regulierung anlässlich der Anlage der Eisenbahn Lübeck–Büchen (1770-) 1839-1847
Darin: Vertrag zwischen Dänemark und Lübeck hinsichtlich der Anlage der Eisenbahn im Herzogtum Lauenburg, 1847

361 Anschluss der Eisenbahn Lauenburg–Büchen an die Eisenbahn Berlin–Hamburg 1842, 1847
Darin: Vertrag zwischen Dänemark und Lübeck zur Anlage der Eisenbahn im Herzogtum Lauenburg, 1847; Bekanntmachung zu den Verhältnissen der Hamburg-Berliner Eisenbahn, 1842

362 Zollverhältnisse auf der Chaussee Hamburg–Lauenburg 1837

Auswärtige Zollpolitik

363 Spitzenhandel 1765-1863
Enthält u. a.: Stempelung; Konzessionen; Rekognitionen

364 Handel nach anderen Weltteilen 1842-1846
Darin: Patente

365 Handel und Schifffahrt nach den dänischen Kolonien in Westindien (1671-) 1781-1834
Darin: Verordnung über den Zuckerhandel in den Herzogtümern, 1824

366 Route der ostindischen Überlandpost 1847

367 Aufhebung der Weserzölle für die Einfuhr von roher Baumwolle und anderer Waren infolge des Handelsvertrages des Königreichs Hannover mit den Vereinigten Staaten von Amerika 1847
Darin: Handelsvertrag des Königreichs Hannover mit den Vereinigten Staaten von Amerika, 1847

368 Antrag beim britischen Gouvernement auf Begünstigung des dänischen Handels in den britischen Kolonien und in Großbritannien 1842

369 Denkschrift zur Erleichterung der Einfuhr schleswig-holsteinischer Fabrikate nach Dänemark 1812

370 Ausbau des Hafens in Altona und diesbezügliche Schwierigkeiten mit Hamburg (1815) 1821-1833
Darin: Brücken- und Hafenordnung der Stadt Altona, 1815; Pläne

371 Abwehr einer für Altona schädlichen Zollpolitik der Stadt Hamburg und Missbrauch der Zollfreiheit Altonas durch Lederhändler aus Hamburg (1814-) 1822-1828

372 Gebietsaustausch mit dem Fürstentum Lübeck (1804) 1839-1844

373 Historische Berichte und Nachrichten über die Zölle und Zollverfassung der Gebiete des ehemaligen Herzogtums Plön und des Fürstbistums Lübeck sowie der Städte Hamburg und Lübeck (1470-) 1774-1834 [1880]
Enthält auch: Zölle in den Ämtern Reinbek und Trittau, 1776

374 Historische Berichte und Nachrichten über die Zölle und Zollverfassung der Gebiete des ehemaligen Herzogtums Plön und des Fürstbistums Lübeck sowie der Städte Hamburg und Lübeck (1584-) [18. Jhdt.]

375 Forderung des Fürstentums Lübeck nach Zollfreiheit in den ehemaligen plönischen Anteilen im Herzogtum Holstein (1623-) 1777-1853
Darin: Sammlung von Gesetzen für Kurhessen, 1834

376 Forderung des Fürstentums Lübeck nach Zollfreiheit in den ehemaligen plönischen Anteilen im Herzogtum Holstein: Prozess vor dem Kompromissgericht des hessischen Oberappellationsgerichts in Kassel (1681-) 1844-1853
Darin: Vertrag zum Anschluss des Fürstentums Lübeck an das Zoll- und Brennsteuersystem im Herzogtum Holstein, 1853

377 Forderung des Fürstentums Lübeck nach Zollfreiheit in den ehemaligen plönischen Anteilen im Herzogtum Holstein: Prozess vor dem Kompromissgericht des hessischen Oberappellationsgerichts in Kassel (1692-) 1840-1852
Enthält: Manualakten der Obergerichtsanwälte Nebelthau und Scheffer

378 Anschluss der Exklaven der Stadt Lübeck an den holsteineutinischen Zollverein (1821) 1841-1852
Darin: Sammlung der Verordnungen über die vom lübeckischen Stempeldepartement erhobenen Abgaben, 1821; Patent für das Herzogtum Holstein zur Ausfuhr von Feldsteinen, 1852

379 Zollanschluss des Fürstentums Lübeck an das Herzogtum Holstein (1811, 1820) 1831-1841
Darin: Gesetzessammlung für die königlich preußischen Staaten Nr. 17/1265, 1820

380 Anschluss des Fürstentums Lübeck an das holsteinische Zollsystem (1824-) 1838-1840

381 Anschluss des Fürstentums Lübeck an das holsteinische Zollsystem (1816-) 1837-1841

382 Zollvereinigung der Exklaven der Stadt Hamburg mit dem Herzogtum Holstein und dem Fürstentum Lübeck 1836-1841

383 Erweiterung des hamburgischen Zollanschlussvertrages hinsichtlich der Verfolgung von Zollvergehen auf fremdem Gebiet 1841-1843

384 Plan zur Errichtung eines deutschen Schifffahrts- und Handelsvereins (1834) 1847
Darin: Zeitungen; Druckschriften

385 Einsendung von auswärtigen Drucksachen über Handel und Gewerbe 1843-1846
Darin: Druckschriften

386 Einsendung von auswärtigen Drucksachen über Handel und Gewerbe (1817) 1846-1848
Darin: Druckschriften; Zeitungen; Instruktion für die Geschäftsverwaltung eines Hauptzollamts, 1818

387 Idee einer Zollvereinigung zwischen Dänemark, Schleswig, Holstein, Lauenburg und Mecklenburg (1748) 1839-1847
Darin: Akziserolle und Ordnung der Stadt Rostock, 1748; Vereins-Zoll-Tarif 1840-1842 für Preußen, 1839; Register zum Jahrgang 1848 des „Centralblatts"; Patent zur Deklaration mit Mecklenburg-Strelitz über den Transitzoll, 1841; „Börsenhalle" vom 28. Oktober 1846; Schifffahrtsvertrag zwischen dem Königreich Hannover und den Vereinigten Staaten von Amerika, 1847; „Das Zollvereinsblatt", mehrere Ausgaben von Januar bis Mai 1847

Zollrevision

719 Übersicht über die monatlichen Zolleinnahmen der Zollstätten im Herzogtum Holstein 1800-1828

1516 Generalübersichten über Einnahmen und Ausgaben der schleswigschen und holsteinischen Zollstätten 1807-1826

518 Übersichten über die Einnahmen und Ausgaben der Zollämter im Herzogtum Holstein 1826-1829

519 Übersichten über die Einnahmen und Ausgaben der Zollämter im Herzogtum Holstein 1830-1833

520 Übersichten über die Einnahmen und Ausgaben der Zollämter im Herzogtum Holstein 1834-1835
Enthält auch: Ablieferung der Überschüsse der Elbzollkasse und der Landzölle im Herzogtum Lauenburg

1520 Übersichten über die Einnahmen und Ausgaben der Zollämter im Herzogtum Holstein 1836-1837
Enthält auch: Hebestellen im Herzogtum Lauenburg 1836/37

1521 Übersichten über die Einnahmen und Ausgaben der Zollämter im Herzogtum Holstein 1838-1839

517 Übersichten über die Einnahmen und Ausgaben der Zollämter im Herzogtum Holstein 1840

516 Übersichten über die Einnahmen und Ausgaben der Zollämter im Herzogtum Holstein 1841

515 Übersichten über die Einnahmen und Ausgaben der Zollämter im Herzogtum Holstein 1842

513 Übersichten über die Einnahmen und Ausgaben der Zollämter im Herzogtum Holstein 1843

511 Übersichten über die Einnahmen und Ausgaben der Zollämter im Herzogtum Holstein 1844

512 Übersichten über die Einnahmen und Ausgaben der Zollämter im Herzogtum Holstein 1845

514 Übersichten über die Einnahmen und Ausgaben der Zollämter im Herzogtum Holstein 1846

508 Berichte zu den holstein-lauenburgischen Zollrechnungen der Jahre 1840 und 1841 1841-1842

505 Berichte zu den holstein-lauenburgischen Zollrechnungen der Jahre 1843 und 1844 1841-1845

509 Berichte zu den holstein-lauenburgischen Zollrechnungen des Jahres 1842 (1838-) 1842-1843
Enthält u. a.: Register über die Zölle und Gebühren der Dampfschifffahrt auf der Elbe bei Wittenberge, 1838-1842

510 Berichte zu den holstein-lauenburgischen Zollrechnungen des Jahres 1842 (1842) 1843

506 Berichte zu den holstein-lauenburgischen Zollrechnungen der Jahre 1844 und 1845 1845-1848

507 Berichte zu den holstein-lauenburgischen Zollrechnungen des Jahres 1846 1847

878 Zollrechnungen des Herzogtums Lauenburg: Mangelposten 1826-1838

Korrespondenzprotokolle

Schleswigsches Zollkontor

1039 Korrespondenzprotokoll des Schleswigschen Zollkontors mit Register Februar-November 1816

1040 Korrespondenzprotokoll des Schleswigschen Zollkontors mit Register November 1816-Juli 1817

1041 Korrespondenzprotokoll des Schleswigschen Zollkontors mit Register August 1817-Juni 1818

1042 Korrespondenzprotokoll des Schleswigschen Zollkontors mit Register Juni 1818-Mai 1819

1043 Korrespondenzprotokoll des Schleswigschen Zollkontors mit Register Mai-Dezember 1819

1044 Korrespondenzprotokoll des Schleswigschen Zollkontors mit Register Dezember 1819-Juli 1820

1045 Korrespondenzprotokoll des Schleswigschen Zollkontors mit Register Juli 1820-Februar 1821

1046 Korrespondenzprotokoll des Schleswigschen Zollkontors mit Register Februar-September 1821

1047 Korrespondenzprotokoll des Schleswigschen Zollkontors mit Register September 1821-Juni 1822

1048 Korrespondenzprotokoll des Schleswigschen Zollkontors mit Register Juni-Dezember 1822

1049 Korrespondenzprotokoll des Schleswigschen Zollkontors mit Register Dezember 1822-Oktober 1823

1050 Korrespondenzprotokoll des Schleswigschen Zollkontors mit Register Oktober 1823-Mai 1824

1051 Korrespondenzprotokoll des Schleswigschen Zollkontors mit Register Mai-Dezember 1824

1052 Korrespondenzprotokoll des Schleswigschen Zollkontors mit Register Dezember 1824-Juli 1825

1053 Korrespondenzprotokoll des Schleswigschen Zollkontors mit Register Juli 1825-Februar 1826

1054 Korrespondenzprotokoll des Schleswigschen Zollkontors mit Register März-September 1826

1055 Korrespondenzprotokoll des Schleswigschen Zollkontors mit Register September 1826-März 1827

1056 Korrespondenzprotokoll des Schleswigschen Zollkontors mit Register März-Dezember 1827

1057 Korrespondenzprotokoll des Schleswigschen Zollkontors mit Register Dezember 1827-September 1828

1058 Korrespondenzprotokoll des Schleswigschen Zollkontors mit Register September 1828-April 1829

1059 Korrespondenzprotokoll des Schleswigschen Zollkontors mit Register Mai-November 1829

1060 Korrespondenzprotokoll des Schleswigschen Zollkontors mit Register
November 1829-Mai 1830

1061 Korrespondenzprotokoll des Schleswigschen Zollkontors mit Register
Mai 1830-Januar 1831

1062 Korrespondenzprotokoll des Schleswigschen Zollkontors mit Register
Januar-August 1831

1063 Korrespondenzprotokoll des Schleswigschen Zollkontors mit Register
September 1831-Februar 1832

1064 Korrespondenzprotokoll des Schleswigschen Zollkontors mit Register
Februar-Juli 1832

1065 Korrespondenzprotokoll des Schleswigschen Zollkontors mit Register
August 1832-Februar 1833

1066 Korrespondenzprotokoll des Schleswigschen Zollkontors mit Register
März-Oktober 1833

1067 Korrespondenzprotokoll des Schleswigschen Zollkontors mit Register
Oktober 1833-März 1834

1068 Korrespondenzprotokoll des Schleswigschen Zollkontors mit Register
April-September 1834

1069 Korrespondenzprotokoll des Schleswigschen Zollkontors mit Register
September-Dezember 1834

1070 Korrespondenzprotokoll des Schleswigschen Zollkontors mit Register
Januar-Juni 1835

1071 Korrespondenzprotokoll des Schleswigschen Zollkontors mit Register
Juli-Dezember 1835

1072 Korrespondenzprotokoll des Schleswigschen Zollkontors mit Register
Januar-Juni 1836

1073 Korrespondenzprotokoll des Schleswigschen Zollkontors mit Register
Juli-Dezember 1836

1074 Korrespondenzprotokoll des Schleswigschen Zollkontors mit Register Januar-Juni 1837

1075 Korrespondenzprotokoll des Schleswigschen Zollkontors mit Register Juli-Dezember 1837

1076 Korrespondenzprotokoll des Schleswigschen Zollkontors mit Register Januar-Juni 1838

1077 Korrespondenzprotokoll des Schleswigschen Zollkontors mit Register Juli-Dezember 1838

1078 Korrespondenzprotokoll des Schleswigschen Zollkontors mit Register Januar-Juni 1839

1079 Korrespondenzprotokoll des Schleswigschen Zollkontors mit Register Juli-Dezember 1839

1080 Korrespondenzprotokoll des Schleswigschen Zollkontors mit Register Januar-Juni 1840

1081 Korrespondenzprotokoll des Schleswigschen Zollkontors mit Register Juli-Dezember 1840

1082 Korrespondenzprotokoll des Schleswigschen Zollkontors mit Register Januar-Juni 1841

1083 Korrespondenzprotokoll des Schleswigschen Zollexpeditionskontors mit Register Juli-Dezember 1841

1084 Korrespondenzprotokoll des Schleswigschen Zollexpeditionskontors mit Register Januar-Juni 1842

1085 Korrespondenzprotokoll des Schleswigschen Zollexpeditionskontors mit Register Juli-Dezember 1842

1086 Korrespondenzprotokoll des Schleswigschen Zollexpeditionskontors mit Register Januar-Juni 1843

1087 Korrespondenzprotokoll des Schleswigschen Zollexpeditionskontors mit Register Juli-Dezember 1843

1088 Korrespondenzprotokoll des Schleswigschen Zollexpeditionskontors mit Register Januar-Juni 1844

1089 Korrespondenzprotokoll des Schleswigschen Zollexpeditionskontors mit Register Juli-Dezember 1844

1090 Korrespondenzprotokoll des Schleswigschen Zollexpeditionskontors mit Register Januar-Juni 1845

1091 Korrespondenzprotokoll des Schleswigschen Zollexpeditionskontors mit Register Juli-Dezember 1845

1092 Korrespondenzprotokoll des Schleswigschen Zollexpeditionskontors mit Register 1846

1093 Korrespondenzprotokoll des Schleswigschen Zollexpeditionskontors mit Register 1847

Holstein-Lauenburgisches Zollkontor

1149 Korrespondenzprotokoll des Holstein-Lauenburgischen Zollkontors Januar-Juni 1816

1150 Korrespondenzprotokoll des Holstein-Lauenburgischen Zollkontors Juli-Dezember 1816

1151 Korrespondenzprotokoll des Holstein-Lauenburgischen Zollkontors: Register 1816

1152 Korrespondenzprotokoll des Holstein-Lauenburgischen Zollkontors Januar-Juni 1817

1153 Korrespondenzprotokoll des Holstein-Lauenburgischen Zollkontors Juni-Dezember 1817

1154 Korrespondenzprotokoll des Holstein-Lauenburgischen Zollkontors: Register 1817

1155 Korrespondenzprotokoll des Holstein-Lauenburgischen Zollkontors Januar-Juni 1818

1156 Korrespondenzprotokoll des Holstein-Lauenburgischen Zollkontors
Juli-Dezember 1818

1157 Korrespondenzprotokoll des Holstein-Lauenburgischen Zollkontors
Januar-Juni 1819

1158 Korrespondenzprotokoll des Holstein-Lauenburgischen Zollkontors
Juli-Dezember 1819

1159 Korrespondenzprotokoll des Holstein-Lauenburgischen Zollkontors: Register
1819

1160 Korrespondenzprotokoll des Holstein-Lauenburgischen Zollkontors
Januar-Juni 1820

1161 Korrespondenzprotokoll des Holstein-Lauenburgischen Zollkontors
Juli-Dezember 1820

1162 Korrespondenzprotokoll des Holstein-Lauenburgischen Zollkontors: Register
1820

1163 Korrespondenzprotokoll des Holstein-Lauenburgischen Zollkontors
Januar-Juli 1821

1164 Korrespondenzprotokoll des Holstein-Lauenburgischen Zollkontors
Juli-Dezember 1821

1165 Korrespondenzprotokoll des Holstein-Lauenburgischen Zollkontors: Register
1821

1166 Korrespondenzprotokoll des Holstein-Lauenburgischen Zollkontors
Januar-Juni 1822

1167 Korrespondenzprotokoll des Holstein-Lauenburgischen Zollkontors
Juni-Dezember 1822

1168 Korrespondenzprotokoll des Holstein-Lauenburgischen Zollkontors: Register
1822

1169 Korrespondenzprotokoll des Holstein-Lauenburgischen Zollkontors
Januar-Juli 1823

1170 Korrespondenzprotokoll des Holstein-Lauenburgischen Zollkontors Juli-Dezember 1823

1171 Korrespondenzprotokoll des Holstein-Lauenburgischen Zollkontors Januar-Juni 1824

1172 Korrespondenzprotokoll des Holstein-Lauenburgischen Zollkontors Juni-Dezember 1824

1173 Korrespondenzprotokoll des Holstein-Lauenburgischen Zollkontors: Register 1824

1174 Korrespondenzprotokoll des Holstein-Lauenburgischen Zollkontors Januar-Juni 1825

1175 Korrespondenzprotokoll des Holstein-Lauenburgischen Zollkontors Juni-Dezember 1825

1176 Korrespondenzprotokoll des Holstein-Lauenburgischen Zollkontors: Register 1825

1177 Korrespondenzprotokoll des Holstein-Lauenburgischen Zollkontors Januar-Juni 1826

1178 Korrespondenzprotokoll des Holstein-Lauenburgischen Zollkontors Juli-Dezember 1826

1179 Korrespondenzprotokoll des Holstein-Lauenburgischen Zollkontors: Register 1826

1180 Korrespondenzprotokoll des Holstein-Lauenburgischen Zollkontors Januar-Juni 1827

1181 Korrespondenzprotokoll des Holstein-Lauenburgischen Zollkontors Juli-Dezember 1827

1182 Korrespondenzprotokoll des Holstein-Lauenburgischen Zollkontors: Register 1827

1183 Korrespondenzprotokoll des Holstein-Lauenburgischen Zollkontors Januar-Juni 1828

1184 Korrespondenzprotokoll des Holstein-Lauenburgischen Zollkontors
Juli-Dezember 1828

1185 Korrespondenzprotokoll des Holstein-Lauenburgischen Zollkontors: Register
1828

1186 Korrespondenzprotokoll des Holstein-Lauenburgischen Zollkontors
Januar-Juli 1829

1187 Korrespondenzprotokoll des Holstein-Lauenburgischen Zollkontors
Juli-Dezember 1829

1188 Korrespondenzprotokoll des Holstein-Lauenburgischen Zollkontors: Register
1829

1189 Korrespondenzprotokoll des Holstein-Lauenburgischen Zollkontors
Januar-Juni1830

1190 Korrespondenzprotokoll des Holstein-Lauenburgischen Zollkontors: Register
1830

1191 Korrespondenzprotokoll des Holstein-Lauenburgischen Zollkontors
Januar-Juni 1831

1192 Korrespondenzprotokoll des Holstein-Lauenburgischen Zollkontors
Juli-Dezember 1831

1193 Korrespondenzprotokoll des Holstein-Lauenburgischen Zollkontors: Register
1831

1194 Korrespondenzprotokoll des Holstein-Lauenburgischen Zollkontors
Januar-Juni 1832

1195 Korrespondenzprotokoll des Holstein-Lauenburgischen Zollkontors
Juli-Dezember 1832

1196 Korrespondenzprotokoll des Holstein-Lauenburgischen Zollkontors: Register
1832

1197 Korrespondenzprotokoll des Holstein-Lauenburgischen Zollkontors
Januar-Juni 1833

1198 Korrespondenzprotokoll des Holstein-Lauenburgischen Zollkontors Juli-Dezember 1833

1199 Korrespondenzprotokoll des Holstein-Lauenburgischen Zollkontors: Register 1833

1200 Korrespondenzprotokoll des Holstein-Lauenburgischen Zollkontors Januar-Juni 1834

1201 Korrespondenzprotokoll des Holstein-Lauenburgischen Zollkontors Juli-Dezember 1834

1202 Korrespondenzprotokoll des Holstein-Lauenburgischen Zollkontors: Register 1834

1203 Korrespondenzprotokoll des Holstein-Lauenburgischen Zollkontors Januar-Juni 1835

1204 Korrespondenzprotokoll des Holstein-Lauenburgischen Zollkontors Juli-Dezember 1835

1205 Korrespondenzprotokoll des Holstein-Lauenburgischen Zollkontors: Register 1835

1206 Korrespondenzprotokoll des Holstein-Lauenburgischen Zollkontors Januar-Juni 1836

1207 Korrespondenzprotokoll des Holstein-Lauenburgischen Zollkontors Juli-Dezember 1836

1208 Korrespondenzprotokoll des Holstein-Lauenburgischen Zollkontors: Register 1836

1209 Korrespondenzprotokoll über Rückstände des Holstein-Lauenburgischen Zollkontors mit Register 1832-1836

1210 Korrespondenzprotokoll des Holstein-Lauenburgischen Zollkontors Januar-Juni 1837

1211 Korrespondenzprotokoll des Holstein-Lauenburgischen Zollkontors Juli-Dezember 1837

1212 Korrespondenzprotokoll des Holstein-Lauenburgischen Zollkontors: Register 1837

1213 Korrespondenzprotokoll des Holstein-Lauenburgischen Zollkontors Januar-Juni 1838

1214 Korrespondenzprotokoll des Holstein-Lauenburgischen Zollkontors Juli-Dezember 1838

1215 Korrespondenzprotokoll des Holstein-Lauenburgischen Zollkontors: Register 1838

1216 Korrespondenzprotokoll des Holstein-Lauenburgischen Zollkontors Januar-März 1839

1217 Korrespondenzprotokoll des Holstein-Lauenburgischen Zollkontors April-Juni 1839

1218 Korrespondenzprotokoll des Holstein-Lauenburgischen Zollkontors Juli-September 1839

1219 Korrespondenzprotokoll des Holstein-Lauenburgischen Zollkontors Oktober-Dezember 1839

1220 Korrespondenzprotokoll des Holstein-Lauenburgischen Zollkontors: Register 1839

1221 Korrespondenzprotokoll des Holstein-Lauenburgischen Zollkontors Januar-Juli 1840

1222 Korrespondenzprotokoll des Holstein-Lauenburgischen Zollkontors: Register 1840

1223 Korrespondenzprotokoll des Holstein-Lauenburgischen Zollexpeditionskontors Januar-Mai 1841

1224 Korrespondenzprotokoll des Holstein-Lauenburgischen Zollexpeditionskontors Mai-September 1841

1225 Korrespondenzprotokoll des Holstein-Lauenburgischen Zollexpeditionskontors September-Dezember 1841

1226 Korrespondenzprotokoll des Holstein-Lauenburgischen Zollexpeditionskontors: Register 1841

1227 Korrespondenzprotokoll des Holstein-Lauenburgischen Zollexpeditionskontors mit Gesamtregister Januar-April 1842

1228 Korrespondenzprotokoll des Holstein-Lauenburgischen Zollexpeditionskontors April-Dezember 1842

1229 Korrespondenzprotokoll des Holstein-Lauenburgischen Zollexpeditionskontors mit Gesamtregister Januar-Mai 1843

1230 Korrespondenzprotokoll des Holstein-Lauenburgischen Zollexpeditionskontors Mai-Dezember 1843

1231 Korrespondenzprotokoll des Holstein-Lauenburgischen Zollexpeditionskontors mit Gesamtregister Januar-Juni 1844

1232 Korrespondenzprotokoll des Holstein-Lauenburgischen Zollexpeditionskontors Juni-Dezember 1844

1233 Korrespondenzprotokoll des Holstein-Lauenburgischen Zollexpeditionskontors mit Gesamtregister Januar-Mai 1845

1234 Korrespondenzprotokoll des Holstein-Lauenburgischen Zollexpeditionskontors Mai-Dezember 1845

1235 Korrespondenzprotokoll des Holstein-Lauenburgischen Zollexpeditionskontors mit Gesamtregister Januar-Mai 1846

1236 Korrespondenzprotokoll des Holstein-Lauenburgischen Zollexpeditionskontors Mai-Dezember 1846

1237 Korrespondenzprotokoll des Holstein-Lauenburgischen Zollexpeditionskontors mit Gesamtregister Januar-Mai 1847

1238 Korrespondenzprotokoll des Holstein-Lauenburgischen Zollexpeditionskontors Mai-Dezember 1847

1239 Korrespondenzprotokoll des Holstein-Lauenburgischen Zollexpeditionskontors mit Register Januar 1848-Dezember 1851

Journale

Schleswigsches Zollkontor

1298 Journal über die eingekommenen Sachen im Schleswigschen Zollkontor mit Register April 1816-Mai 1817

1299 Journal über die eingekommenen Sachen im Schleswigschen Zollkontor mit Register Juni 1817-Mai 1818

1300 Journal über die eingekommenen Sachen im Schleswigschen Zollkontor mit Register Juni 1818-Oktober 1819

1301 Journal über die eingekommenen Sachen im Schleswigschen Zollkontor mit Register Oktober 1819-Dezember 1820

1302 Journal über die eingekommenen Sachen im Schleswigschen Zollkontor mit Register Dezember 1820-Dezember 1821

1303 Journal über die eingekommenen Sachen im Schleswigschen Zollkontor mit Register Dezember 1821-Oktober 1822

1304 Journal über die eingekommenen Sachen im Schleswigschen Zollkontor mit Register November 1822-August 1823

1305 Journal über die eingekommenen Sachen im Schleswigschen Zollkontor mit Register Mai-Dezember 1824

1306 Journal über die eingekommenen Sachen im Schleswigschen Zollkontor mit Register Dezember 1824-September 1825

1307 Journal über die eingekommenen Sachen im Schleswigschen Zollkontor mit Register September 1825-Juni 1826

1308 Journal über die eingekommenen Sachen im Schleswigschen Zollkontor mit Register Juli 1826-April 1827

1309 Journal über die eingekommenen Sachen im Schleswigschen Zollkontor mit Register April 1827-März 1828

1310 Journal über die eingekommenen Sachen im Schleswigschen Zollkontor mit Register März 1828-Februar 1829

1311 Journal über die eingekommenen Sachen im Schleswigschen Zollkontor mit Register Februar 1829-April 1830

1312 Journal über die eingekommenen Sachen im Schleswigschen Zollkontor mit Register April 1830-März 1831

1313 Journal über die eingekommenen Sachen im Schleswigschen Zollkontor mit Register April 1831-Juli 1832

1314 Journal über die eingekommenen Sachen im Schleswigschen Zollkontor mit Register Juli 1832-August 1833

1315 Journal über die eingekommenen Sachen im Schleswigschen Zollkontor mit Register August 1833-Juli 1834

1316 Journal über die eingekommenen Sachen im Schleswigschen Zollkontor mit Register Juli 1834-Januar 1835

1317 Journal über die eingekommenen Sachen im Schleswigschen Zollkontor mit Register Januar-Dezember 1835

1318 Journal über die eingekommenen Sachen im Schleswigschen Zollkontor mit Register Januar 1836-Januar 1837

1319 Journal über die eingekommenen Sachen im Schleswigschen Zollkontor mit Register Januar 1837-Januar 1838

1320 Journal über die eingekommenen Sachen im Schleswigschen Zollkontor mit Register Januar-Dezember 1838

1321 Journal über die eingekommenen Sachen im Schleswigschen Zollkontor mit Register Dezember 1838-Dezember 1839

1322 Journal über die eingekommenen Sachen im Schleswigschen Zollkontor mit Register Dezember 1839-Dezember 1840

1323 Journal über die eingekommenen Sachen im Schleswigschen Zollkontor mit Register Dezember 1840-Dezember 1841

1324 Journal über die eingekommenen Sachen im Schleswigschen Zollkontor mit Register 1842

1325 Journal über die eingekommenen Sachen im Schleswigschen Zollkontor mit Register 1844

1326 Journal über die eingekommenen Sachen im Schleswigschen Zollkontor mit Register 1845

1327 Journal über die eingekommenen Sachen im Schleswigschen Zollkontor mit Register 1846

1328 Journal über die eingekommenen Sachen im Schleswigschen Zollkontor mit Register 1847

Holstein-Lauenburgisches Zollkontor

1386 Journal über das Holsteinische Zollkontor mit Register Mai 1816-Januar 1817

1387 Journal des Holstein-Lauenburgischen Zollkontors mit Register Januar-Oktober 1817

1388 Journal des Holstein-Lauenburgischen Zollkontors mit Register Oktober 1817-Juli 1818

1389 Journal des Holstein-Lauenburgischen Zollkontors mit Register Juli 1818-Februar 1819

1390 Journal des Holstein-Lauenburgischen Zollkontors mit Register März-August 1819

1391 Journal des Holstein-Lauenburgischen Zollkontors mit Register August 1819-März 1820

1392 Journal des Holstein-Lauenburgischen Zollkontors mit Register März-Dezember 1820

1393 Journal des Holstein-Lauenburgischen Zollkontors mit Register Dezember 1820-September 1821

1394 Journal des Holstein-Lauenburgischen Zollkontors mit Register September 1821-April 1822

1395 Journal des Holstein-Lauenburgischen Zollkontors mit Register
April 1822-März 1823

1396 Journal des Holstein-Lauenburgischen Zollkontors mit Register
März 1823-April 1824

1397 Journal des Holstein-Lauenburgischen Zollkontors mit Register
April 1824-Januar 1826

1398 Journal des Holstein-Lauenburgischen Zollkontors mit Register
November 1825-Dezember 1826

1399 Journal des Holstein-Lauenburgischen Zollkontors mit Register 1827

1400 Journal des Holstein-Lauenburgischen Zollkontors mit Register 1828

1401 Journal des Holstein-Lauenburgischen Zollkontors mit Register
Januar 1829-Januar 1830

1402 Journal des Holstein-Lauenburgischen Zollkontors mit Register
Januar 1830-Januar 1831

1403 Journal des Holstein-Lauenburgischen Zollkontors mit Register
Januar 1831-Januar 1832

1404 Journal des Holstein-Lauenburgischen Zollkontors mit Register 1832

1405 Journal des Holstein-Lauenburgischen Zollkontors mit Gesamtregister
Januar-Mai 1833

1406 Journal des Holstein-Lauenburgischen Zollkontors
Mai-Dezember 1833

1407 Journal des Holstein-Lauenburgischen Zollkontors mit Register
Januar 1834-Januar 1835

1408 Journal über Rückstände des Holstein-Lauenburgischen Zollkontors mit Register
Mai 1832-Februar 1834

1409 Holsteinisches Journal des Holstein-Lauenburgischen Zollkontors mit Register
1835

1410 Holsteinisches Journal des Holstein-Lauenburgischen Zollkontors mit Register Januar 1836-Januar 1837

1411 Holsteinisches Journal des Holstein-Lauenburgischen Zollkontors mit Register Dezember 1836-Januar 1838

1412 Holsteinisches Journal des Holstein-Lauenburgischen Zollkontors mit Register 1838

1413 Holsteinisches Journal des Holstein-Lauenburgischen Zollkontors mit Gesamtregister Januar-Juni 1839

1414 Holsteinisches Journal des Holstein-Lauenburgischen Zollkontors Juni-Dezember 1839

1415 Holsteinisches Journal des Holstein-Lauenburgischen Zollkontors mit Gesamtregister Januar-Mai 1840

1416 Holsteinisches Journal des Holstein-Lauenburgischen Zollkontors Mai-Dezember 1840

1417 Holsteinisches Journal des Holstein-Lauenburgischen Zollkontors mit Gesamtregister Dezember 1840-Mai 1841

1418 Holsteinisches Journal des Holstein-Lauenburgischen Zollkontors Mai-Dezember 1841

1419 Holsteinisches Journal des Holstein-Lauenburgischen Zollkontors mit Gesamtregister Januar-Mai 1842

1420 Holsteinisches Journal des Holstein-Lauenburgischen Zollkontors Mai-Dezember 1842

1421 Holsteinisches Journal des Holstein-Lauenburgischen Zollkontors mit Gesamtregister Januar-April 1843

1422 Holsteinisches Journal des Holstein-Lauenburgischen Zollkontors April-Dezember 1843

1423 Holsteinisches Journal des Holstein-Lauenburgischen Zollkontors mit Gesamtregister Januar-Juni 1844

1424 Holsteinisches Journal des Holstein-Lauenburgischen Zollkontors Juni-Dezember 1844

1425 Holsteinisches Journal des Holstein-Lauenburgischen Zollkontors mit Gesamtregister Januar-Juni 1845

1426 Holsteinisches Journal des Holstein-Lauenburgischen Zollkontors Juni-Dezember 1845

1427 Holsteinisches Journal des Holstein-Lauenburgischen Zollkontors mit Gesamtregister Januar-Mai 1846

1428 Holsteinisches Journal des Holstein-Lauenburgischen Zollkontors Mai-Dezember 1846

1429 Holsteinisches Journal des Holstein-Lauenburgischen Zollkontors mit Gesamtregister Januar-Mai 1847

1430 Holsteinisches Journal des Holstein-Lauenburgischen Zollkontors Mai-Dezember 1847

Schleswig-Holsteinisches(-Lauenburgisches) Kanal-, Hafen- und Leuchtfeuerkontor

1479 Kopiebuch des Schleswig-Holsteinischen Hafensekretariats der Kanal-, Hafen- und Leuchtfeuerdirektion mit Register 1811-1816

1477 Journal des Schleswig-Holsteinischen Kanal-, Hafen- und Leuchtfeuerkontors mit Register 1816-1818

1480 Kopiebuch des Schleswig-Holsteinischen Kanal-, Hafen- und Leuchtfeuerkontors mit Register 1816-1817

1481 Kopiebuch des Schleswig-Holsteinischen Kanal-, Hafen- und Leuchtfeuerkontors mit Register 1818-1819

1482 Kopiebuch des Schleswig-Holsteinischen Kanal-, Hafen- und Leuchtfeuerkontors mit Register 1820-1821

1483 Kopiebuch des Schleswig-Holsteinischen Kanal-, Hafen- und Leuchtfeuerkontors mit Register 1822-1823

1484 Kopiebuch des Schleswig-Holsteinischen Kanal-, Hafen- und Leuchtfeuerkontors mit Register 1824-1825

1485 Kopiebuch des Schleswig-Holsteinischen Kanal-, Hafen- und Leuchtfeuerkontors mit Register 1826-1827

1486 Kopiebuch des Schleswig-Holsteinischen Kanal-, Hafen- und Leuchtfeuerkontors mit Register 1828-1829

1487 Kopiebuch des Schleswig-Holsteinischen Kanal-, Hafen- und Leuchtfeuerkontors mit Register 1830-1833

1488 Kopiebuch des Schleswig-Holsteinischen Kanal-, Hafen- und Leuchtfeuerkontors mit Register 1834-1835

1489 Kopiebuch des Schleswig-Holstein-Lauenburgischen Kanal-, Hafen- und Leuchtfeuerkontors mit Register 1836-1838

1490 Kopiebuch des Schleswig-Holstein-Lauenburgischen Kanal-, Hafen- und Leuchtfeuerkontors mit Register 1839-1842

1491 Kopiebuch des Schleswig-Holstein-Lauenburgischen Kanal-, Hafen- und Leuchtfeuerkontors mit Register 1844

1492 Kopiebuch des Schleswig-Holstein-Lauenburgischen Kanal-, Hafen- und Leuchtfeuerkontors mit Register 1845

1493 Kopiebuch des Schleswig-Holstein-Lauenburgischen Kanal-, Hafen- und Leuchtfeuerkontors mit Register 1846

1494 Kopiebuch des Schleswig-Holstein-Lauenburgischen Kanal-, Hafen- und Leuchtfeuerkontors mit Register 1847

1495 Kopiebuch des Schleswig-Holstein-Lauenburgischen Kanal-, Hafen- und Leuchtfeuerkontors 1848

1496 Kopiebuch des Schleswig-Holstein-Lauenburgischen Kanal-, Hafen- und Leuchtfeuerkontors: Register 1848

GENERALZOLLDIREKTORAT IN KOPENHAGEN (1855-1864)

Verfassung der Zollbehörde

388 Antrag des Handelsvereins in Flensburg auf Errichtung eines General-Ökonomie-Kommerz- und Industrie-Direktorats 1857-1858

389 Errichtung des Manifestkontors in Altona und Vernichtung der Duplikatmanifeste 1853-1861

390 Instruktionen der Oberzollinspektoren für die Herzogtümer Schleswig und Holstein 1844-1863

391 Betreten privater Grundstücke durch kontrollierende Zollbeamte 1840-1862

Zollverordnungen und Zollrollen

392 Entwurf einer Wegeordnung für das Herzogtum Lauenburg 1860

393 Gesetze und Verfügungen zu den Zahlungsmitteln und Münzen 1813-1848

Darin: Druckschrift des Johann Heinrich Pohlmann über die Münzzustände in Lübeck, 1846; Druckschrift des August Flor über Münzzustände, 1838; Denkschrift des Adolph Soetbeer über die Münzverhältnisse in Hamburg, 1846; Zeitungen; Verordnungen; Patente; Bekanntmachungen

394 Gesetze und Verfügungen zu den Zahlungsmitteln und Münzen

Darin: Gesetze; Bekanntmachungen; Patente 1847-1863

395 Ständevorlagen für die Zoll- und Brennsteuergesetzgebung 1846-1853

Darin: Verordnungen; Patente; Bekanntmachungen; Eröffnungen für die Provinzialstände

396 Einsendung von Exemplaren der hannoverschen Gesetzessammlung durch das Elbzollgebiet und das Elbzollamt Lauenburg 1838-1855

397 Übersendung gedruckter Zollgesetze und Zollverfügungen an fremde Regierungen 1858-1861

398 Einsendung eines gedruckten Zollgesetzes für die Großherzogtümer Mecklenburg-Schwerin und Mecklenburg-Strelitz mit Ausschluss des Fürstentums Ratzeburg 1863

Darin: Exemplar des Zollgesetzes

399 Einsendung gedruckter Gesetze, Verordnungen und Anträge über das Zollwesen im Gebiet der Stadt Hamburg (1851) 1856, 1863

Darin: Exemplare der Zollverordnungen

400 Verordnungen zu einzelnen Positionen des Zolltarifs 1847-1863

401 Aufhebung von Posten der Zollordnung 1851-1860

402 Entwürfe von Patenten für das Herzogtum Holstein 1853

Enthält: Gleichstellung von Land- und Wassertransporten bei der Rückzahlung von Last- und Feuergeldern; Aufhebung der Zollvergünstigungen für Altona und Wandsbek; Kontrollmaßnahmen im Grenzzolldistrikt; Aufhebung von Zollbegünstigungen; Zollermäßigung für Wasser- und Gasleitungen sowie andere große Anlagen für Kommunen; Tarif für die Einfuhr aus anderen Weltteilen und Tarif für das Lastgeld

Enthält auch: Patent für das Herzogtum Schleswig zur Postversendung

1514 Sammlung von Zollverfügungen für die Herzogtümer Holstein und Lauenburg 1852-1863

Spezielle Verfügungen

403 Einfuhr von Gift sowie Handel mit Medizinalwaren 1855-1863

404 Lösch- und Ladeplätze in Hochdonn, Hetlingen und am Priel Nr. 17 (1840) 1843-1861

Darin: Karte über die Burger Niederungen und Verlauf der Burger Au, 1840

405 Anschaffung eines Zollboots in Laboe 1860

1515 Spezielle Verfügungen für die holsteinischen Zollämter 1843-1851

Ehemals Privilegierte

406 Zahlungsanweisungen über vergütete Zollbeträge an den Herzog von Schleswig-Holstein-Sonderburg-Augustenburg, den Prinzen Friedrich Emil August von Schleswig-Holstein-Sonderburg-Augustenburg (von Noer) und den Prinzen Friedrich von Hessen (1839) 1849-1853

407 Anspruch der Predigerwitwen auf Rückzahlung von Zollabgaben 1842-1860

408 Frühere Zollvergünstigungen des Handels auf Grönland, Island und den Färöern (1786-) 1855-1857
Darin: Gesetze; Plakate; Verordnungen

Konzessionen

409 Konzessionen zur Anlage von Tuchfabriken 1839-1863

410 Hökerei des Erbpächters Hillers in Ahrensfelde (Gut Trenthorst) und von Eingesessenen in Ottensen 1858-1863

411 Zollfreie Einfuhr veredelter Schafe 1835-1859

Schifffahrt

493 Quarantäne 1823-1862
Enthält u. a.: Ausstellung von Quarantänepässen auf Röm und in Bredstedt

412 Tonnen- und Bakenwesen 1842-1856

413 Korrektur des Fahrwasser der Trave 1854-1855
Darin: „Altonaer Zeitung“ vom 16. November 1855

414 Zollbehandlung der wegen Eisgang oder zum Winterlager in Häfen einlaufenden Schiffe 1845-1857

415 Aufnahme bisher fremder Schiffe in das Schiffsregister in Altona (1803-) 1854-1862
Enthält u. a.: Übergang russischer Schiffe in das Eigentum von Bürgern in Altona während des englisch-russischen Krieges (Krimkrieg)
Darin: Verordnungen; Gesetze; dänischsprachige Instruktion für Konsuln

416 Binnenfrachtschifffahrt oder Kabotage, insbesondere Beteiligung von Ausländern (1819-) 1830-1863

418 Schiffsmessung und Korrektur einzelner Messbriefe (1827-) 1830-1854
Darin: Messbriefe

417 Schiffsmessung und Korrektur einzelner Messbriefe (1843-) 1847-1863
Darin: Instruktionen für Schiffsmessung; Messbriefe

419 Hafen in Glückstadt: Bohlenbrücken, Kran, Schienengleise, Steinpflaster 1844-1859
Darin: Skizzen zu den Lösch- und Ladeplätzen, 1845

Kanal

420 Kanalprojekte zwischen Nord- und Ostsee 1849-1860
Darin: „Beilage zu Nr. 4 der Allgemeinen Zeitung“ vom 4. Januar 1849

Eisenbahn

421 Anlage von Eisenbahnen Hamburg–Lübeck, Lübeck–Neustadt–Eutin und Oldesloe–Segeberg–Neumünster 1858-1866

422 Transitzoll in den Herzogtümern Holstein und Lauenburg vom Verkehr auf der Eisenbahn Hamburg–Berlin 1853-1863

423 Eisenbahnverbindung zwischen Hamburg und Lübeck über Oldesloe 1857-1863
Darin: Druckschrift „Die Verkehrs-Protection in Holstein und die directe Lübeck-Hamburger Eisenbahn“. Hamburg 1858; Zeitungsausschnitte, 1859

424 Verhältnis des Zoll- und Postwesens zur Eisenbahn Hamburg–Lübeck 1859

425 Eisenbahn Hamburg–Lübeck 1859-1863

426 Eröffnung der Zweigbahn Büchen–Lauenburg, Errichtung eines Zollamts auf dem Bahnhof in Lauenburg und Anstellung eines Hebungsbeamten 1847-1853

427 Eisenbahn Lübeck–Büchen: Einwirkung auf die Stecknitzschifffahrt 1853

428 Eisenbahn Lübeck–Büchen: Unterhalt der Dienstwohnung des Zollbeamten auf dem Bahnhof in Lübeck 1854

429 Eisenbahn Lübeck–Büchen: Transitzoll 1853-1862

Darin: Tarif der Fahr- und Frachtpreise für den direkten Güterverkehr, Mitteldeutscher Eisenbahnverband, 1853

430 Verbindung der Eisenbahn Lübeck–Büchen–Lauenburg mit den hannoverschen Bahnen durch die Überbrückung der Elbe bei Lauenburg (1842) 1853-1863

Darin: „Officielles Wochenblatt für das Herzogtum Lauenburg" vom 14. Februar 1863; Bekanntmachung für das Herzogtum Lauenburg über die Verhältnisse der Eisenbahn Hamburg–Berlin, 1842

431 Eisenbahn Lübeck–Büchen: Jahresberichte 1858-1862

Innerer Zollverkehr

432 Verordnungen und Patente zur zollpolitischen Vereinigung des Herzogtums Holstein mit dem Herzogtum Schleswig und Dänemark 1850-1854

433 Aufhebung der Eiderzollgrenze 1852

434 Eiderzollgrenze: Einrichtung und Aufhebung, militärische Bewachung sowie Zolleinrichtungen in Rendsburg, Tönning, Levensau, Holtenau und Friedrichstadt 1863-1864

Verbotene Schriften

435 Mitwirkung der Zollbeamten zur Verhinderung der Einfuhr verbotener Schriften, Blätter und anderer Druckwerke mit politischem Inhalt 1846-1863

436 Verbotene Schriften 1851-1862
Darin: „Norddeutscher Grenzbote. Eine politische Wochenschrift" vom 9. Juni 1861

Schleichhandel

437 Komplottmäßige Schmuggeleien 1855-1860

Krieg 1848-1851

438 Zollfreie Einfuhr von Waffen, Munition, militärischen Ausrüstungsgegenständen und sonstigen militärischen Lieferungen für die Bundestruppen und Schleswig-Holsteinische Armee 1848-1853

Auswärtige Zollpolitik

439 Einwirkung der Zoll- und Akziseordnung der Stadt Hamburg auf den Handel über Altona 1829-1862
Enthält u. a.: Nachrichten über die älteren Zollstreitigkeiten mit Hamburg
Darin: Anträge des Hamburger Rats an die Bürgerschaft, 1844, 1847; gegenseitige Mitteilungen des Senats und der Bürgerschaft, 1862

440 Anschluss des Herzogtums Lauenburg mit Enklaven und fremden Gebietsteilen an das dänische Zollsystem (1854) 1855-1856

441 Ausführung des Sundzollablösungsvertrags hinsichtlich des Einflusses auf den Transitzoll 1857-1860
Darin: Protokolle; Gesetze; Verordnungen; „Börsen-Halle" vom 30. März 1857

442 Einfluss des Sundzollvertrags auf den Landzoll im Herzogtum Lauenburg 1857-1863

443 Einfluss des Sundzollvertrags auf den schleswig-holsteinischen Kanalzoll (1842) 1857-1859
Darin: Gesetze; Patente

444 Einfluss des Sundzollvertrags auf den Stecknitzzoll 1857-1859

445 Finanzielles Resultat des Sundzollvertrags 1857

446 Auswärtige Anträge auf Aufhebung oder Ermäßigung des holstein-lauenburgischen Transitzolls und Presseagitation zum Transitzoll (1847-) 1856
Darin: Druckschrift „Lübecks nordischer Handel unter Berücksichtigung seiner Bedeutsamkeit für die deutsche Fabrication". Lübeck 1848; „Börsen-Halle", mehrere Exemplare 1856; „Hamburger Nachrichten" vom 6. Mai 1856; „Edinburgh Advertiser" vom 9. Mai 1856; „Lübecker Zeitung" vom 5. Mai 1856; Druckschrift des Friedrich Crome zum dänischen Transitzoll im Verhältnis zu Hamburg und Lübeck, 1856; Druckschrift zur Behandlung des Transitzolls in der Presse, 1856; „Staats- und Gelehrte Zeitung des Hamburgischen Unpartheiischen Correspondenten" vom 19. Juni und 2. Juli 1856; Bekanntmachungen; Patente

447 Auswärtige Anträge auf Aufhebung oder Ermäßigung des holstein-lauenburgischen Transitzolls und Presseagitation zum Transitzoll 1856
Darin: „Fædrelandet" vom 25., 26. und 28. August 1856; „Börsen-Halle" vom 27. August 1856; „Hamburger Nachrichten" vom 26. August 1856; gedruckte Aktenstücke zum Transitzoll; französischsprachige Druckschrift zum Transitrecht in Dänemark

448 Handelsverträge mit fremden Staaten (1826) 1833-1859

449 Zollbegünstigungen für den direkten Handel nach anderen Weltteilen 1844-1855

450 Zollbehandlung der Effekte fremder Diplomaten 1858-1863

451 Verhalten der Händler und Seefahrenden während eines Krieges zwischen fremden Seemächten 1854-1855
Darin: Gesetze; Bekanntmachungen

452 Gewerbeausstellungen in London, Paris, Gent und Kopenhagen sowie Zollbehandlung der dorthin gesandten Fabrikate 1849-1856
Darin: „Beilage zum Preußischen Staats-Anzeiger" vom 20. Januar 1851; Druckschrift zur Industrieausstellung in London, 1850

Korrespondenzprotokolle

Schleswigsches Zollexpeditionskontor

1497 Korrespondenzprotokoll des Schleswigschen Zollexpeditionskontors in Kopenhagen mit Register Januar 1849-Februar 1852

1498 Korrespondenzprotokoll des Schleswigschen Zollexpeditionskontors in Kopenhagen mit Gesamtregister Januar-Mai 1853

1499 Korrespondenzprotokoll des Schleswigschen Zollexpeditionskontors in Kopenhagen Mai-Dezember 1853

1500 Korrespondenzprotokoll des Schleswigschen Zollexpeditionskontors in Kopenhagen mit Register 1854

1501 Korrespondenzprotokoll des Schleswigschen Zollexpeditionskontors in Kopenhagen mit Register 1855

1502 Korrespondenzprotokoll des Schleswigschen Zollexpeditionskontors in Kopenhagen mit Register 1856

1503 Korrespondenzprotokoll des Schleswigschen Zollexpeditionskontors in Kopenhagen mit Register 1857

1504 Korrespondenzprotokoll des Schleswigschen Zollexpeditionskontors in Kopenhagen mit Register 1858

1505 Korrespondenzprotokoll des Schleswigschen Zollexpeditionskontors in Kopenhagen mit Register 1859

1506 Korrespondenzprotokoll des Schleswigschen Zollexpeditionskontors in Kopenhagen mit Register 1860

Holstein-Lauenburgisches Zollexpeditionskontor

1507 Korrespondenzprotokoll des Holstein-Lauenburgischen Zollexpeditionskontors in Kopenhagen mit Register April-Juni 1852

1508 Korrespondenzprotokoll des Holstein-Lauenburgischen Zollexpeditionskontors in Kopenhagen mit Register Juli-Dezember 1852

1509 Korrespondenzprotokoll des Holstein-Lauenburgischen Zollexpeditionskontors in Kopenhagen Juli-Dezember 1853

1510 Korrespondenzprotokoll des Holstein-Lauenburgischen Zollexpeditionskontors in Kopenhagen mit Gesamtregister Januar-Mai 1854

1511 Korrespondenzprotokoll des Holstein-Lauenburgischen Zollexpeditionskontors in Kopenhagen Mai-Dezember 1854

1512 Korrespondenzprotokoll des Holstein-Lauenburgischen Zollexpeditionskontors in Kopenhagen mit Gesamtregister Januar-Juni 1855

1513 Korrespondenzprotokoll des Holstein-Lauenburgischen Zollexpeditionskontors in Kopenhagen Juni-Dezember 1855

1462 Korrespondenzprotokoll des Holstein-Lauenburgischen Zollexpeditionskontors in Kopenhagen mit Gesamtregister Januar-Juni 1856

1463 Korrespondenzprotokoll des Holstein-Lauenburgischen Zollexpeditionskontors in Kopenhagen Juli-Dezember 1856

1464 Korrespondenzprotokoll des Holstein-Lauenburgischen Zollexpeditionskontors in Kopenhagen mit Gesamtregister Januar-Juni 1857

1465 Korrespondenzprotokoll des Holstein-Lauenburgischen Zollexpeditionskontors in Kopenhagen Juli-Dezember 1857

1466 Korrespondenzprotokoll des Holstein-Lauenburgischen Zollexpeditionskontors in Kopenhagen mit Gesamtregister Januar-Juni 1858

1467 Korrespondenzprotokoll des Holstein-Lauenburgischen Zollexpeditionskontors in Kopenhagen Juni-Dezember 1858

1468 Korrespondenzprotokoll des Holstein-Lauenburgischen Zollexpeditionskontors in Kopenhagen mit Gesamtregister Januar-Juni 1859

1469 Korrespondenzprotokoll des Holstein-Lauenburgischen Zollexpeditionskontors in Kopenhagen Juli-Dezember 1859

1470 Korrespondenzprotokoll des Holstein-Lauenburgischen Zollexpeditionskontors in Kopenhagen Juli-Dezember 1860

1471 Korrespondenzprotokoll des Holstein-Lauenburgischen Zollexpeditionskontors in Kopenhagen mit Gesamtregister Januar-Juli 1861

1472 Korrespondenzprotokoll des Holstein-Lauenburgischen Zollexpeditionskontors in Kopenhagen Juli-Dezember 1861

1341 Korrespondenzprotokoll des Holstein-Lauenburgischen Zollexpeditionskontors in Kopenhagen mit Gesamtregister Januar-Juni 1862

1342 Korrespondenzprotokoll des Holstein-Lauenburgischen Zollexpeditionskontors in Kopenhagen Juni-Dezember 1862

1343 Korrespondenzprotokoll des Holstein-Lauenburgischen Zollexpeditionskontors in Kopenhagen mit Gesamtregister Januar-Mai 1863

1344 Korrespondenzprotokoll des Holstein-Lauenburgischen Zollexpeditionskontors in Kopenhagen Mai-Dezember 1863

Journale

Schleswigsches Zollexpeditionskontor

1329 Journal über die eingekommenen Sachen im Schleswigschen Zollexpeditionskontor in Kopenhagen mit Register Dezember 1847-Dezember 1851

1333 Journal über die eingekommenen Sachen im Schleswigschen Zollexpeditionskontor mit Register 1853

1334 Journal des Schleswigschen Zollexpeditionskontors mit Register 1854

1335 Journal des Schleswigschen Zollexpeditionskontors mit Register 1855

1336 Journal des Schleswigschen Zollexpeditionskontors mit Register 1856

1337 Journal des Schleswigschen Zollexpeditionskontors mit Register 1857

1338 Journal des Schleswigschen Zollexpeditionskontors mit Register 1858

1339 Journal des Schleswigschen Zollexpeditionskontors mit Register 1859

1340 Journal des Schleswigschen Zollexpeditionskontors mit Register 1860

Holstein-Lauenburgisches Zollexpeditionskontor

1438 Journal des Holstein-Lauenburgischen Zollexpeditionskontors mit Register 1848-1852

1439 Journal des Holstein-Lauenburgischen Zollexpeditionskontors mit Gesamtregister Januar-Juni 1852

1440 Journal des Holstein-Lauenburgischen Zollexpeditionskontors Juni-Dezember 1852

1441 Journal des Holstein-Lauenburgischen Zollexpeditionskontors mit Gesamtregister Januar-Juni 1853

1442 Journal des Holstein-Lauenburgischen Zollexpeditionskontors Juni-Dezember 1853

1443 Journal des Holstein-Lauenburgischen Zollexpeditionskontors mit Gesamtregister Januar-April 1854

1444 Journal des Holstein-Lauenburgischen Zollexpeditionskontors April-Dezember 1854

1445 Journal des Holstein-Lauenburgischen Zollexpeditionskontors mit Gesamtregister Januar-Mai 1855

1446 Journal des Holstein-Lauenburgischen Zollexpeditionskontors Mai-Dezember 1855

1447 Journal des Holstein-Lauenburgischen Zollexpeditionskontors mit Gesamtregister Januar-April 1856

1448 Journal des Holstein-Lauenburgischen Zollexpeditionskontors April-Dezember 1856

1449 Journal des Holstein-Lauenburgischen Zollexpeditionskontors mit Gesamtregister Januar-Mai 1857

1450 Journal des Holstein-Lauenburgischen Zollexpeditionskontors mit Gesamtregister Januar-Juni 1858

1451 Journal des Holstein-Lauenburgischen Zollexpeditionskontors Juni-Dezember 1858

1452 Journal des Holstein-Lauenburgischen Zollexpeditionskontors mit Gesamtregister Januar-Juni 1859

1453 Journal des Holstein-Lauenburgischen Zollexpeditionskontors Juni-Dezember 1859

1454 Journal des Holstein-Lauenburgischen Zollexpeditionskontors mit Gesamtregister Januar-Mai 1860

1455 Journal des Holstein-Lauenburgischen Zollexpeditionskontors Juni-Dezember 1860

1456 Journal des Holstein-Lauenburgischen Zollexpeditionskontors mit Gesamtregister Januar-Mai 1861

1457 Journal des Holstein-Lauenburgischen Zollexpeditionskontors Mai-Dezember 1861

1458 Journal des Holstein-Lauenburgischen Zollexpeditionskontors mit Gesamtregister Januar-Mai 1862

1459 Journal des Holstein-Lauenburgischen Zollexpeditionskontors Mai-Dezember 1862

1460 Journal des Holstein-Lauenburgischen Zollexpeditionskontors mit Gesamtregister Januar-Mai 1863

1461 Journal des Holstein-Lauenburgischen Zollexpeditionskontors Mai-Dezember 1863

GENERALPOSTDIREKTION

453 Fährstellen in Arnis, Bargen, Brunsnis, Brunsbüttel, Dagebüll, Friedrichstadt, Kappeln, Missunde und Tönning (1809-) [1824]

454 Verpachtung der Fähre in Brunsbüttel 1809-1845

455 Verpachtung der Fähre in Brunsbüttel (1828) 1849-1858
Darin: Reglement zur Fähre am Brunsbüttelerhafen, 1828

456 Besichtigung der herrschaftlichen Fähren im Karolinenkoog und in der Landschaft Norderdithmarschen 1830-1846

457 Fähre im Karolinenkoog (1807) 1822

458 Fähre im Karolinenkoog 1835, 1848-1862

ERHEBUNGSBEHÖRDEN (1848-1851)

Einnahmen und Ausgaben der Zollämter im Herzogtum Holstein

521 Übersichten über die Einnahmen und Ausgaben der Zollämter im Herzogtum Holstein 1848

525 Übersichten über die Einnahmen und Ausgaben der Zollkontrolle im Herzogtum Holstein 1848

522 Übersichten über die Einnahmen und Ausgaben der Zollämter im Herzogtum Holstein 1849

524 Übersichten über die Einnahmen und Ausgaben der Zollkontrolle im Herzogtum Holstein 1849

523 Übersichten über die Einnahmen und Ausgaben der Zollämter im Herzogtum Holstein 1850

718 Zollkontrollen im Herzogtum Holstein: Übersichten über Einnahme und Ausgabe 1850

Schleswigsches Zollexpeditionskontor in Flensburg

1094 Korrespondenzprotokoll des Schleswigschen Zollexpeditionskontors in Flensburg mit Register August-Dezember 1849

1095 Korrespondenzprotokoll des Schleswigschen Zollexpeditionskontors in Flensburg mit Register Januar-September 1850

1096 Korrespondenzprotokoll des Schleswigschen Zollexpeditionskontors in Flensburg September-Dezember 1850

1097 Korrespondenzprotokoll des Schleswigschen Zollexpeditionskontors in Flensburg mit Register Januar-Mai 1851

1098 Korrespondenzprotokoll des Schleswigschen Zollexpeditionskontors in Flensburg Mai-Dezember 1851

1099 Korrespondenzprotokoll des Schleswigschen Zollexpeditionskontors in Flensburg mit Register 1852

1330 Journal über die eingekommenen Sachen im Schleswigschen Zollexpeditionskontor in Flensburg mit Register August 1849-Dezember 1850

1331 Journal über die eingekommenen Sachen im Schleswigschen Zollexpeditionskontor in Flensburg mit Register 1851

1332 Journal über die eingekommenen Sachen im Schleswigschen Zollexpeditionskontor in Flensburg mit Register 1852

Zollbüro

1240 Korrespondenzprotokoll des Zollbüros mit Register
März-August 1848

1241 Korrespondenzprotokoll des Zollbüros mit Register
August-Dezember 1848

1242 Korrespondenzprotokoll des Zollbüros mit Register
Januar-Juni 1849

1243 Korrespondenzprotokoll des Zollbüros mit Register
Juli-Dezember 1849

1244 Korrespondenzprotokoll des Zollbüros mit Register
Januar-Juni 1850

1245 Korrespondenzprotokoll des Zollbüros mit Register
Juli-Dezember 1850

1246 Korrespondenzprotokoll des Zollbüros mit Register Januar-Juni 1851

1247 Korrespondenzprotokoll des Zollbüros mit Register
Juli-Dezember 1851

1431 Journal des Zollbüros mit Gesamtregister März-August 1848

1432 Journal des Zollbüros August-Dezember 1848

1433 Journal des Zollbüros mit Gesamtregister Januar-Mai 1849

1434 Journal des Zollbüros Mai-Dezember 1849

1435 Journal des Zollbüros mit Gesamtregister Januar-Mai 1850

1436 Journal des Zollbüros Mai-Dezember 1850

1437 Journal des Zollbüros Mai-Dezember 1851

MINISTERIUM FÜR DIE HERZOGTÜMER HOLSTEIN UND LAUENBURG (1852-1864)

459 Anlage von der Barrieren an der Chaussee in der Landschaft Norderdithmarschen (1856) 1857-1858

MINISTERIUM FÜR DAS HERZOGTUM SCHLESWIG (1851-1864)

460 Stempelpapier 1849-1858

Enthält u. a.: Ansprüche an den Stempelpapierverwalter Thedens; Misshandlung des Etatsrats Kornerup-Borch in Schleswig anlässlich der Nachstempelung ungestempelten Papiers; Verteilung des Stempelpapiers für 1850

SCHLESWIGSCHE REGIERUNG ZU SCHLESWIG (1865-1868)

461 Befreiung vom Chausseegeld 1841-1867

Darin: Verzeichnis der im Herzogtum Schleswig vom Chausseegeld befreiten Beamten, 1866

LEUCHTFEUER-, TONNEN-, BAKEN- UND ZOLLKREUZER-INSPEKTORATE AN DER WESTKÜSTE UND IN FLENSBURG

464 Journal des Leuchtfeuer-, Tonnen-, Baken- und Zollkreuzerinspektorats an der Westküste 1864-1865

463 Orderbuch des Zollkreuzers „Gertrud“ 1866-1877

462 Schiffsjournal des Zollkreuzers „Alsen“ 1886

KÖNIGLICH DÄNISCHE WARENKONTROLLKOMMISSION

465 Königlich dänische Warenkontrollkommission: Schriftverkehr mit den Zollaufsichtkommissionen in Rendsburg und Oldenburg (1795) 1812-1814

Enthält u. a.: Mitteilung von Verordnungen; Rundschreiben; Abgaben von Händlern in Oldenburg auf nicht legalisierte Waren

Enthält auch: Abschrift des Erbpachtvertrages über den Krug in Schönwalde, 1795

466 Königlich dänische Warenkontrollkommission: Schriftverkehr mit den Zollaufsichtkommissionen in Rendsburg und Oldenburg 1812-1814

Enthält u. a.: Warenangabeprotokolle ostholsteinischer Kaufleute, darunter Stoffproben des Johann Jacob Goedens, Oldenburg; Verordnungen

1473 Angabenprotokoll der Warenkontrollkommission in Wilster 1812-1813

1474 Angabenprotokoll der Warenkontrollkommission in Wilster 1813

1475 Verzeichnis über die Warenbestände der Kaufleute in Itzehoe 1812-1813

1476 Passprotokoll über Transporte von Kolonialwaren 1812

(STAATSBALANCE- UND) OBERSTEUERDIREKTION IN KOPENHAGEN (1762-1782)

1517 Holzausweisung in den Herzogtümern für den Schiffbau und Kanalarbeiten 1775-1780

1518 Verkauf und Übergabe des Gutes Hanerau 1776-1777

ZOLL- UND LIZENTRECHNUNGEN

Zollstätten im Herzogtum Schleswig

943 Zoll- und Lizentrechnung der Landschaft Fehmarn 1684-1685

563 Lizentrechnung Friedrichsort: Rechnung für 1713 sowie Übersichten über Einnahme und Ausgabe 1713-1726

565 Beschwerden gegen die Erhebung von Akzise und Lizent in Friedrichsort (1668-) 1718-1721

564 Lizentrechnung Friedrichsort mit Übersichten über Einnahme und Ausgabe sowie Notaten 1727-1734

562 Lizentrechnung Friedrichsort 1735-1739

561 Lizentrechnung Friedrichsort: Übersichten über Einnahme und Ausgabe 1740-1757, 1784-1786

557 Lizentrechnung Friedrichsort 1758-1767

559 Lizentrechnung Friedrichsort 1768-1773

560 Lizentrechnung Friedrichsort 1774-1778

558 Lizentrechnung Friedrichsort 1779-1783

626 Zoll- und Lizentrechnung Kappeln mit Beilagen 1779

944 Zoll- und Lizentrechnung Tönning 1677

Zollstätten im Herzogtum Holstein

Ahrensbök

779 Zollrechnung Ahrensbök: Notaten 1817-1835

Altona

531 Akzise-, Schiffslast- und Ranzionsgelderrechnung Altona: Übersichten über Einnahme und Ausgabe, Notaten und Rechnungen für 1767, 1769, 1777 und 1779 1760-1790

909 Akzise- und Schiffslastrechnung Altona: Notaten mit Beilagen 1760-1767, 1779-1797

530 Akzise-, Schiffslast- und Ranzionsgelderrechnung Altona: Übersichten über Einnahme und Ausgabe, Notaten sowie Rechnungen für 1802 und 1804 1791-1826

908 Akzise- und Schiffslastrechnung Altona: Notaten mit Beilagen 1798-1800, 1811

778 Zollrechnung Altona: Notaten 1814-1837

Barkhorst

777 Zollrechnung Barkhorst: Notaten 1818-1836

Bielenberg

541 Zollrechnung Bielenberg: Übersichten über Einnahme und Ausgabe sowie Rechnung für 1779 1779-1781

542 Zollrechnung Bielenberg: Übersichten über Einnahme und Ausgabe mit Notaten 1781-1826

780 Zollrechnung Bielenberg: Notaten 1791-1800

890 Zollrechnung Bielenberg: Notaten mit Beilagen 1801-1811

543 Zollrechnung Bielenberg 1802, 1804

781 Zollrechnung Bielenberg: Notaten 1816-1837

Blankenese

674 Zollrechnung Blankenese: Notaten mit Beilagen 1779-1790

539 Zollrechnung Blankenese: Übersichten über Einnahme und Ausgabe mit Notaten 1780-1826

672 Zollrechnung Blankenese: Notaten mit Beilagen 1791-1800

899 Zollrechnung Blankenese: Notaten mit Beilagen 1801-1810

540 Zollrechnung Blankenese 1802, 1804

673 Zollrechnung Blankenese: Notaten 1816-1837

Bramstedt

931 Zoll- und Lizentrechnung Bramstedt 1668-1693

535 Zoll- und Lizentrechnung Bramstedt 1694-1704

533 Zoll- und Lizentrechnung Bramstedt: Übersichten über Einnahme und Ausgabe mit Notaten 1705-1729

538 Zoll- und Lizentrechnung Bramstedt 1710, 1712

532 Zoll- und Lizentrechnung Bramstedt: Übersichten über Einnahme und Ausgabe mit Notaten 1730-1750

537 Zoll- und Lizentrechnung Bramstedt: Übersichten über Einnahme und Ausgabe 1751-1801

536 Zoll- und Lizentrechnung Bramstedt: Übersichten über Einnahme und Ausgabe 1767, 1777-1779

783 Zollrechnung Bramstedt: Notaten 1768-1800

889 Zollrechnung Bramstedt: Notaten mit Beilagen 1801-1809

534 Zoll- und Lizentrechnung Bramstedt: Übersichten über Einnahme und Ausgabe mit Notaten sowie Rechnungen für 1802 und 1803 1802-1826

782 Zollrechnung Bramstedt: Notaten 1810-1837

Brokdorf

544	Zoll- und Lizentrechnung Brokdorf	1700-1712
545	Zoll- und Lizentrechnung Brokdorf	1713-1724
546	Zoll- und Lizentrechnung Brokdorf	1725-1729
547	Zoll- und Lizentrechnung Brokdorf: Übersichten über Einnahme und Ausgabe mit Notaten	1730-1750
550	Zoll- und Lizentrechnung Brokdorf: Übersichten über Einnahmen und Ausgaben mit Notaten	1751-1790
548	Zoll- und Lizentrechnung Brokdorf	1767-1779
786	Zollrechnung Brokdorf: Notaten	1768-1790
785	Zollrechnung Brokdorf: Notaten	1791-1800
551	Zoll- und Lizentrechnung Brokdorf: Übersichten über Einnahmen und Ausgaben	1791-1826
910	Zollrechnung Brokdorf: Notaten mit Beilagen	1801-1813
549	Zoll- und Lizentrechnung Brokdorf	1802, 1804
784	Zollrechnung Brokdorf: Notaten	1814-1837

Brunsbüttel

554	Zollrechnung Brunsbüttel: Übersichten über Einahme und Ausgabe sowie Rechnungen für 1767, 1769, 1777 und 1779	1760-1790
677	Zollrechnung Brunsbüttel: Notaten	1768-1790
676	Zollrechnung Brunsbüttel: Notaten	1791-1800
552	Zollrechnung Brunsbüttel: Übersichten über Einahme und Ausgabe	1792-1826

907 Zollrechnung Brunsbüttel: Notaten mit Beilagen 1801-1813

553 Zollrechnung Brunsbüttel 1802, 1804

675 Zollrechnung Brunsbüttel: Notaten 1814-1837

Burg

678 Zollrechnung Burg: Notaten 1823-1837

Büsum

679 Zollrechnung Büsum: Notaten 1825-1837

Dannau

698 Zollrechnung Dannau: Notaten 1819-1837

Elmshorn

555 Zollrechnung Elmshorn: Übersichten über Einnahme und Ausgabe mit Notaten 1810-1814

556 Zollrechnung Elmshorn: Übersichten über Einnahme und Ausgabe mit Notaten 1815-1826

787 Zollrechnung Elmshorn: Notaten 1816-1824

788 Zollrechnung Elmshorn: Notaten 1825-1830

789 Zollrechnung Elmshorn: Notaten 1831-1837

Glückstadt

932	Zollrechnung Glückstadt: Beilagen	1640, 1642, 1719
582	Zollrechnung Glückstadt: Übersichten über Einnahme und Ausgabe mit Notaten	1641-1699
570	Zollrechnung Glückstadt	1713
570	Zollrechnung Glückstadt: Übersichten über Einnahme und Ausgabe mit Notaten	1713-1731
578	Zollrechnung Glückstadt: Übersichten über Einnahme und Ausgabe mit Notaten	1732-1750
577	Zollrechnung Glückstadt: Übersichten über Einnahme und Ausgabe mit Notaten	1751-1790
568	Zollrechnung Glückstadt mit Generalübersichten und Notaten	1767-1779
566	Zollrechnung Glückstadt: Notaten	1768-1772
567	Zollrechnung Glückstadt: Notaten	1773-1784
791	Zollrechnung Glückstadt: Notaten mit Beilagen	1784-1791
790	Zollrechnung Glückstadt: Notaten mit Beilagen	1791-1800
574	Zollrechnung Glückstadt: Übersichten über Einnahme und Ausgabe mit Notaten und Beilagen	1791-1809
883	Zollrechnung Glückstadt: Notaten mit Beilagen	1801-1808
569	Zollrechnung Glückstadt	1802, 1804
575	Zollrechnungen Glückstadt: Übersichten über Einnahme und Ausgabe mit Notaten und Beilagen	1810
576	Zollrechnung Glückstadt: Übersichten über Einnahme und Ausgabe mit Notaten	1811

571	Zollrechnung Glückstadt: Übersichten über Einnahme und Ausgabe mit Notaten und Beilagen	1812
572	Zollrechnung Glückstadt: Übersichten über Einnahme und Ausgabe mit Notaten und Beilagen	1813
573	Zollrechnung Glückstadt: Übersichten über Einnahme und Ausgabe mit Notaten und Beilagen	1814-1826
815	Zollrechnung Glückstadt: Notaten	1816-1827
816	Zollrechnung Glückstadt: Notaten	1828-1837

Grebin

706	Zollrechnung Grebin: Notaten	1817-1834

Grömitz

835	Zollrechnung Grömitz: Notaten	1831-1837

Gronenberg

793	Zollrechnung Gronenberg: Notaten	1817-1836

Grünenthal

792	Zollrechnung Grünenthal: Notaten	1816-1837

Haseldorf

581	Zollrechnung Haseldorf	1779, 1802, 1804

580 Zollrechnung Haseldorf: Übersichten über Einnahme und Ausgabe mit Notaten 1779-1811

682 Zollrechnung Haseldorf: Notaten 1791-1800

886 Zollrechnung Haseldorf: Notaten mit Beilagen 1801-1808

797 Zollrechnung Haseldorf: Notaten 1816-1837

Heide

796 Zollrechnung Heide: Notaten 1818-1837

Heidkrug

583 Zollrechnung Heidkrug: Notaten mit Beilagen 1778-1784

Heiligenhafen

933 Zoll- und Lizentrechnung Heiligenhafen 1634, 1640-1643

584 Zoll- und Lizentrechnung Heiligenhafen: Rechnungen 1700-1717 und Notate für die Rechnungen 1668-1718 (1682) 1686-1718

591 Zoll- und Lizentrechnung Heiligenhafen 1710, 1712

593 Zoll- und Lizentrechnung Heiligenhafen mit Beilagen 1718-1724

594 Zoll- und Lizentrechnung Heiligenhafen mit Beilagen 1725-1730

589 Zoll- und Lizentrechnung Heiligenhafen mit Beilagen 1731-1735

590 Zoll- und Lizentrechnung Heiligenhafen mit Beilagen 1736-1742

585 Zoll- und Lizentrechnung Heiligenhafen mit Beilagen 1742-1750

586 Zoll- und Lizentrechnung Heiligenhafen: Übersichten über Einnahme und Ausgabe mit Notaten 1751-1790

587 Zoll- und Lizentrechnung Heiligenhafen mit Beilagen 1767, 1769

795 Zollrechnung Heiligenhafen: Notaten mit Beilagen 1768-1790

588 Zoll- und Lizentrechnung Heiligenhafen mit Beilagen 1777, 1779

592 Zoll- und Lizentrechnung Heiligenhafen: Übersichten über Einnahme und Ausgabe sowie Rechnungen 1802 und 1804 1791-1826

794 Zollrechnung Heiligenhafen: Notaten mit Beilagen 1792-1800

903 Zollrechnung Heiligenhafen: Notaten mit Beilagen 1801-1812

680 Zollrechnung Heiligenhafen: Notaten 1813-1825

681 Zollrechnung Heiligenhafen: Notaten 1826-1837

Hohenhörn

683 Zollrechnung Hohenhörn: Notaten 1818-1837

Itzehoe

598 Zoll- und Lizentrechnung Itzehoe: Übersichten über Einnahme und Ausgabe mit Notaten 1700-1711

617 Zoll- und Lizentrechnung Itzehoe mit Beilagen 1710-1712
Enthält auch: Notate für die Rechnungen 1708-1712

597 Zoll- und Lizentrechnung Itzehoe: Übersichten über Einnahme und Ausgabe mit Notaten 1712-1721

601 Zoll- und Lizentrechnung Itzehoe: Übersichten über Einnahme und Ausgabe mit Notaten für die Rechnungen 1668-1699 1722

847 Zollrechnung Itzehoe: Übersichten über Einnahme und Ausgabe mit Notaten 1722-1725

848 Zollrechnung Itzehoe: Übersichten über Einnahme und Ausgabe mit Notaten 1726-1733

599 Zoll- und Lizentrechnung Itzehoe: Übersichten über Einnahme und Ausgabe mit Notaten 1734-1743

600 Zoll- und Lizentrechnung Itzehoe: Übersichten über Einnahme und Ausgabe mit Notaten 1744-1750

615 Zoll- und Lizentrechnung Itzehoe: Übersichten über Einnahme und Ausgabe mit Notaten 1751-1762

616 Zoll- und Lizentrechnung Itzehoe: Übersichten über Einnahme und Ausgabe mit Notaten 1763-1790

603 Zoll- und Lizentrechnung Itzehoe mit Beilagen 1767, 1769, 1777, 1779

686 Zollrechnung Itzehoe: Notaten mit Beilagen 1768-1780

684 Zollrechnung Itzehoe: Notaten mit Beilagen 1781-1790

685 Zollrechnung Itzehoe: Notaten mit Beilagen 1791-1794

602 Zoll- und Lizentrechnung Itzehoe: Übersichten über Einnahme und Ausgabe sowie Rechnung 1804 mit Beilagen 1791-1804

798 Zollrechnung Itzehoe: Notaten mit Beilagen 1795-1800

891 Zollrechnung Itzehoe: Notaten mit Beilagen 1801-1808

595 Zoll- und Lizentrechnung Itzehoe: Übersichten über Einnahme und Ausgabe mit Notaten und Quittungen 1803-1810

596 Zoll- und Lizentrechnung Itzehoe: Übersichten über Einnahme und Ausgabe mit Notaten und Beilagen 1811-1826

799 Zollrechnung Itzehoe: Notaten 1816-1826

800 Zollrechnung Itzehoe: Notaten 1827-1837

Kasseedorf

838	Zollrechnung Kasseedorf: Notaten	1816-1834

Kellinghusen

723	Zollrechnung Kellinghusen: Notaten	1691-1699
610	Zoll- und Lizentrechnung Kellinghusen	1700-1709
605	Zoll- und Lizentrechnung Kellinghusen mit Beilagen	1703-1711
724	Zollrechnung Kellinghusen: Übersichten über Einnahme und Ausgabe mit Notaten	1741-1750
608	Zoll- und Lizentrechnung Kellinghusen: Übersichten über Einnahme und Ausgabe	1751-1790
807	Zollrechnung Kellinghusen: Notaten mit Beilagen	1766-1790
609	Zoll- und Lizentrechnung Kellinghusen	1767, 1769, 1777, 1779
606	Zoll- und Lizentrechnung Kellinghusen: Übersichten über Einnahme und Ausgabe mit Beilagen	1791-1826
912	Zollrechnung Kellinghusen: Notaten mit Beilagen	1801-1806
607	Zoll- und Lizentrechnung Kellinghusen	1802, 1804
911	Zollrechnung Kellinghusen: Notaten mit Beilagen	1807-1813
806	Zollrechnung Kellinghusen: Notaten	1814-1837

Kiel

728	Zollrechnung Kiel: Übersicht über Einnahme und Ausgabe	1685-1750
934	Zoll- und Lizentrechnung Kiel	1700

720	Zollrechnung Kiel	1710, 1712
722	Zollrechnung Kiel: Notaten	1713-1720
729	Zollrechnung Kiel	1767, 1769, 1777, 1779
689	Zollrechnung Kiel: Notaten mit Beilagen	1774-1780
727	Zollrechnung Kiel: Übersicht über Einnahme und Ausgabe	1774-1826
688	Zollrechnung Kiel: Notaten mit Beilagen	1781-1790
687	Zollrechnung Kiel: Notaten mit Beilagen	1791-1794
690	Zollrechnung Kiel: Notaten mit Beilagen	1795-1800
881	Zollrechnung Kiel: Notaten mit Beilagen	1801-1803
721	Zollrechnung Kiel	1802
730	Zollrechnung Kiel	1804
849	Zollrechnung Kiel: Journal und Hauptbuch über den Wareneingang und Warenausgang im Packhaus	1804
882	Zollrechnung Kiel: Beilagen zu den Notaten	1804-1806
691	Zollrechnung Kiel: Notaten	1804-1808
808	Zollrechnung Kiel: Revision der Observationsextrakte	1804-1826
692	Zollrechnung Kiel: Notaten	1809-1811
811	Zollrechnung Kiel: Mangelposten	1811-1826
693	Zollrechnung Kiel: Notaten	1812-1813
810	Zollrechnung Kiel: Mangelposten	1812-1825
801	Zollrechnung Kiel: Notaten	1814-1818

809 Zollrechnung Kiel: Erstattung eines 1813 angelegten und fehlenden Depositums durch die Erben des Zollverwalters Caspersen (1812) 1814-1836

Darin: Verordnung über verschärfte Maßnahmen gegen den verbotenen Handel, 1812

802 Zollrechnung Kiel: Notaten 1819-1822

803 Zollrechnung Kiel: Notaten 1823-1824

804 Zollrechnung Kiel: Notaten 1825-1826

805 Zollrechnung Kiel: Notaten 1827-1830

812 Zollrechnung Kiel: Notaten 1831-1833

814 Zollrechnung Kiel: Notaten zu den Rechnungen der Packhausmiete 1834-1836

813 Zollrechnung Kiel: Notaten 1835-1837

Krempe

935 Lizentregister Krempe 1677

611 Zoll- und Lizentrechnung Krempe 1682-1699, 1710-1713

733 Zollrechnung Krempe 1694-1711

732 Zollrechnung Krempe: Übersicht über Einnahme und Ausgabe mit Notaten 1714-1728

731 Zollrechnung Krempe: Übersicht über Einnahme und Ausgabe mit Notaten 1729-1750

614 Zoll- und Lizentrechnung Krempe mit Beilagen 1767, 1769, 1777, 1779

818 Zollrechnung Krempe: Notaten mit Beilagen 1768-1790

612 Zoll- und Lizentrechnung Krempe: Übersichten über Einnahme und Ausgabe 1783-1826

817 Zollrechnung Krempe: Notaten mit Beilagen 1791-1800

893 Zollrechnung Krempe: Notaten mit Beilagen 1801-1816

613 Zoll- und Lizentrechnung Krempe 1802, 1804

894 Zollrechnung Krempe: Notaten mit Beilagen 1817-1825

819 Zollrechnung Krempe: Notaten 1826-1837

Krückau

828 Zollrechnung Krückau: Notaten mit Beilagen 1779-1800

725 Zollrechnung Krückau: Übersichten über Einnahme und Ausgabe mit Notaten 1779-1805

892 Zollrechnung Krückau: Notaten mit Beilagen 1802-1811

726 Zollrechnung Krückau 1804

Langenfelde

821 Zollrechnung Langenfelde: Notaten mit Beilagen 1777-1790

734 Zollrechnung Langenfelde: Übersicht über Einnahme und Ausgabe 1778-1800

694 Zollrechnung Langenfelde: Notaten mit Beilagen 1791-1800

884 Zollrechnung Langenfelde: Notaten mit Beilagen 1801-1807

619 Zollrechnung Langenfelde: Übersicht über Einnahme und Ausgabe mit Notaten und Beilagen 1803-1812

735 Zollrechnung Langenfelde 1804

618 Zollrechnung Langenfelde: Übersicht über Einnahme und Ausgabe mit Notaten und Beilagen 1809

620 Zollrechnung Langenfelde: Übersicht über Einnahme und Ausgabe mit Notaten und Beilagen 1813-1814

621 Zollrechnung Langenfelde: Übersicht über Einnahme und Ausgabe mit Notaten und Beilagen 1815-1826

829 Zollrechnung Langenfelde: Notaten 1820-1837

Lunden

822 Zollrechnung Lunden: Notaten 1820-1836

Lütjenburg

936 Zoll- und Lizentrechnung Lütjenburg 1676, 1687

624 Zoll- und Lizentrechnung in Lütjenburg 1679-1702

622 Zoll- und Lizentrechnung Lütjenburg mit Beilagen 1703-1717

737 Zollrechnung Lütjenburg 1709, 1713

623 Zoll und Lizentrechnung Lütjenburg mit Beilagen 1718-1723

625 Zoll- und Lizentrechnung Lütjenburg: Übersichten über Einnahme und Ausgabe mit Notaten 1724-1750

736 Zollrechnung Lütjenburg: Übersicht über Einnahme und Ausgabe 1751-1804

739 Zollrechnung Lütjenburg 1767, 1769, 1777, 1779

695 Zollrechnung Lütjenburg: Notaten mit Beilagen 1768-1790

820 Zollrechnung Lütjenburg: Notaten mit Beilagen 1791-1800

906 Zollrechnung Lütjenburg: Notaten mit Beilagen 1801-1808

740 Zollrechnung Lütjenburg 1802, 1804

738 Zollrechnung Lütjenburg: Übersicht über Einnahme und Ausgabe 1803-1826

905 Zollrechnung Lütjenburg: Notaten mit Beilagen 1809-1813

696 Zollrechnung Lütjenburg: Notaten 1813-1827

697 Zollrechnung Lütjenburg: Notaten 1828-1837

Meldorf

823 Zollrechnung Meldorf: Notaten 1818-1837

Neufeld (Landschaft Süderdithmarschen)

827 Zollrechnung Neufeld: Notaten 1826-1836

Neumünster

747 Zollrechnung Neumünster: Übersichten über Einnahme und Ausgabe mit Notaten 1700-1750

746 Zollrechnung Neumünster 1710, 1713

952 Zoll- und Lizentrechnung Neumünster 1721

953 Zoll- und Lizentrechnung Neumünster 1722

954 Zoll- und Lizentrechnung Neumünster 1723

955 Zoll- und Lizentrechnung Neumünster 1724

956 Zoll- und Lizentrechnung Neumünster 1725

957	Zoll- und Lizentrechnung Neumünster	1726
958	Zoll- und Lizentrechnung Neumünster	1727
959	Zoll- und Lizentrechnung Neumünster	1728
960	Zoll- und Lizentrechnung Neumünster	1729
961	Zoll- und Lizentrechnung Neumünster	1730
962	Zoll- und Lizentrechnung Neumünster	1731
963	Zoll- und Lizentrechnung Neumünster	1732
964	Zoll- und Lizentrechnung Neumünster	1733
965	Zoll- und Lizentrechnung Neumünster	1734
966	Zoll- und Lizentrechnung Neumünster	1735
967	Zoll- und Lizentrechnung Neumünster	1736
968	Zoll- und Lizentrechnung Neumünster	1737
969	Zoll- und Lizentrechnung Neumünster	1738
970	Zoll- und Lizentrechnung Neumünster	1739
971	Zoll- und Lizentrechnung Neumünster	1740
972	Zoll- und Lizentrechnung Neumünster	1741
973	Zoll- und Lizentrechnung Neumünster	1742
974	Zoll- und Lizentrechnung Neumünster	1743
975	Zoll- und Lizentrechnung Neumünster	1744
976	Zoll- und Lizentrechnung Neumünster	1745
751	Zollrechnung Neumünster: Übersichten über Einnahme und Ausgabe	1751-1790

830 Zollrechnung Neumünster: Notaten mit Beilagen 1774-1790

748 Zollrechnung Neumünster: Übersichten über Einnahme und Ausgabe 1791-1826

915 Zollrechnung Neumünster: Notaten mit Beilagen 1801-1813

750 Zollrechnung Neumünster 1802, 1804

749 Zollrechnung Neumünster: Generalübersichten über Einnahme und Ausgabe 1803-1826

831 Zollrechnung Neumünster: Notaten 1814-1837

Neustadt

631 Zollrechnung Neustadt mit Notaten 1701-1718

752 Zollrechnung Neustadt 1709, 1713

937 Zollrechnung Neustadt 1710, 1712

632 Zollrechnung Neustadt 1723-1738

633 Zollrechnung Neustadt 1739-1750

756 Zollrechnung Neustadt 1751-1766

753 Zollrechnung Neustadt: Übersicht über Einnahme und Ausgabe 1751-1826

755 Zollrechnung Neustadt 1767-1779

701 Zollrechnung Neustadt: Notaten mit Beilagen 1774-1782

700 Zollrechnung Neustadt: Notaten mit Beilagen 1783-1790

699 Zollrechnung Neustadt: Notaten mit Beilagen 1791-1800

897 Zollrechnung Neustadt: Notaten mit Beilagen 1801-1806

754	Zollrechnung Neustadt	1802, 1804
896	Zollrechnung Neustadt: Notaten mit Beilagen	1807-1809
832	Zollrechnung Neustadt: Notaten	1810-1816
833	Zollrechnung Neustadt: Notaten	1817-1825
843	Zollrechnung Neustadt: Notaten	1823-1831
834	Zollrechnung Neustadt: Notaten	1832-1837

Oldenburg

837	Zollrechnung Oldenburg: Notaten mit Beilagen	1781-1790
639	Zollrechnung Oldenburg: Übersichten über Einnahme und Ausgabe mit Beilagen	1781-1826
836	Zollrechnung Oldenburg: Notaten mit Beilagen	1791-1800
902	Zollrechnung Oldenburg: Notaten mit Beilagen	1801-1812
640	Zollrechnung Oldenburg	1802, 1804
839	Zollrechnung Oldenburg: Notaten	1812-1835

Oldesloe

938	Zoll- und Lizentrechnung Oldesloe	1616-1617, 1640-1643, 1658
759	Zollrechnung Oldesloe: Übersichten über Einnahme und Ausgabe mit Notaten	1700-1724
635	Zoll- und Lizentrechnung Oldesloe	1709-1713
757	Zollrechnung Oldesloe: Übersichten über Einnahme und Ausgabe mit Notaten für 1671-1699	1721-1723

758 Zollrechnung Oldesloe: Übersichten über Einnahme und Ausgabe mit Notaten 1725-1750

760 Zollrechnung Oldesloe: Übersichten über Einnahme und Ausgabe mit Notaten 1751-1790

636 Zoll- und Lizentrechnung Oldesloe mit Beilagen 1767, 1769, 1777, 1779

841 Zollrechnung Oldesloe: Notaten mit Beilagen 1768-1782

842 Zollrechnung Oldesloe: Notaten mit Beilagen 1783-1790

840 Zollrechnung Oldesloe: Notaten mit Beilagen 1791-1795

634 Zoll- und Lizentrechnung Oldesloe: Übersichten über Einnahme und Ausgabe mit Beilagen 1791-1801

702 Zollrechnung Oldesloe: Notaten mit Beilagen 1797-1800

914 Zollrechnung Oldesloe: Notaten mit Beilagen 1801-1806

637 Zoll- und Lizentrechnung Oldesloe: Übersichten über Einnahme und Ausgabe sowie Rechnung für 1804 1802-1826

913 Zollrechnung Oldesloe: Notaten mit Beilagen 1807-1813

703 Zollrechnung Oldesloe: Notaten 1814-1837

Ottensen

846 Zollrechnung Ottensen: Notaten mit Beilagen 1777-1790

641 Zoll- und Lizentrechnung Ottensen: Übersichten über Einnahme und Ausgabe sowie Rechnungen für 1802 und 1804 1777-1804

844 Zollrechnung Ottensen: Notaten mit Beilagen 1791-1800

898 Zollrechnung Ottensen: Notaten mit Beilagen 1801-1809

642 Zoll- und Lizentrechnung Ottensen: Übersichten über Einnahme und Ausgabe mit Beilagen 1803-1811

643 Zoll- und Lizentrechnung Ottensen: Übersichten über Einnahme und Ausgabe mit Beilagen 1812-1826

845 Zollrechnung Ottensen: Notaten 1822-1837

604 Zollrechnung Ottensen: Notaten 1839-1844

Pinneberg

638 Zollrechnung Pinneberg mit Beilagen 1760-1777

708 Zollrechnung Pinneberg: Notaten 1830-1837

709 Zollkontrollrechnung Pinneberg 1837-1838

Plön

707 Zollrechnung Plön: Notaten 1815-1836

Preetz

646 Zoll- und Lizentrechnung Preetz: Übersichten über Einnahme und Ausgabe 1768, 1779-1826
Enthält auch: Abschriften der von der großfürstlichen Rentekammer erlassenen Reskripte und Order an die Zollstätte in Preetz, 1768

852 Zollrechnung Preetz: Notaten mit Beilagen 1769-1790

704 Zollrechnung Preetz: Notaten mit Beilagen 1791-1800

916 Zollrechnung Preetz: Notaten mit Beilagen 1801-1813

647 Zoll- und Lizentrechnung Preetz 1802,1804

705 Zollrechnung Preetz: Notaten 1811-1834

Rendsburg

920 Zollregister Rendsburg 1584

921 Zollregister Rendsburg: Beilagen 1631
Enthält: zwei königliche Quittungen über die Ablieferungen von Zollgeldern

929 Lizentrechnung Rendsburg 1636-1639

922 Große Zollrechnung Rendsburg 1636

923 Große Zollrechnung Rendsburg 1637-1638 (-1643)

927 Große Zollrechnung Rendsburg 1638-1639 (1643)

924 Kleine Zollrechnung Rendsburg 1636-1637 (1643)

925 Kleine Zollrechnung Rendsburg 1637-1638 (1643)

928 Kleine Zollrechnung Rendsburg 1639-1640 (1643)

926 Kleine Zollrechnung Rendsburg 1638-1639 (1643)

930 Lizentzettel Rendsburg 1677-1679

850 Zollrechnung Rendsburg: Notaten 1819-1826

851 Zollrechnung Rendsburg: Notaten 1827-1835

Rethfurt

644 Zoll- und Lizentrechnung Rethfurt: Übersichten über Einnahme und Ausgabe 1779-1826

854 Zollrechnung Rethfurt: Notaten mit Beilagen 1785-1790

853 Zollrechnung Rethfurt: Notaten mit Beilagen 1791-1800

904 Zollrechnung Rethfurt: Notaten mit Beilagen 1801-1811

645 Zoll- und Lizentrechnung Rethfurt 1802, 1804

855 Zollrechnung Rethfurt: Notaten 1813-1825

856 Zollrechnung Rethfurt: Notaten 1826-1837

Sankt Margarethen

627 Zoll- und Lizentrechnung Sankt Margarethen mit Beilagen 1708-1727

741 Zollrechnung Sankt Margarethen 1710, 1712

628 Zoll- und Lizentrechnung Sankt Margarethen mit Beilagen 1728-1735

629 Zoll- und Lizentrechnung Sankt Margarethen mit Beilagen 1736-1744

630 Zoll- und Lizentrechnung Sankt Margarethen mit Beilagen 1745-1750

743 Zollrechnung Sankt Margarethen: Übersichten über Einnahme und Ausgabe 1751-1801

745 Zollrechnung Sankt Margarethen 1767, 1769, 1777, 1779

825 Zollrechnung Sankt Margarethen: Notaten mit Beilagen 1768-1790

824 Zollrechnung Sankt Margarethen: Notaten mit Beilagen 1791-1800

895 Zollrechnung Sankt Margarethen: Notaten mit Beilagen 1801-1809

742 Zollrechnung Sankt Margarethen 1802, 1804

744 Zollrechnung Sankt Margarethen: Übersichten über Einnahme und Ausgabe 1803-1826

826 Zollrechnung Sankt Margarethen: Notaten 1816-1837

Segeberg

939 Zoll- und Lizentrechnung Segeberg: Beilagen 1636-1694

648 Zoll- und Lizentrechnung Segeberg: Übersichten über Einnahme und Ausgabe mit Notaten 1663-1729

654 Zoll- und Lizentrechnung Segeberg 1710, 1712

653 Zoll- und Lizentrechnung Segeberg: Notaten zu den Rechnungen 1668-1712 1727

652 Zoll- und Lizentrechnung Segeberg: Übersichten über Einnahme und Ausgabe mit Notaten 1730-1750

649 Zoll- und Lizentrechnung Segeberg: Übersichten über Einnahme und Ausgabe mit Notaten 1751-1790

862 Zollrechnung Segeberg: Notaten mit Beilagen 1768-1781

857 Zollrechnung Segeberg: Notaten mit Beilagen 1782-1790

710 Zollrechnung Segeberg: Notaten mit Beilagen 1791-1795

650 Zoll- und Lizentrechnung Segeberg: Übersichten über Einnahme und Ausgabe mit Notaten sowie Rechnung für 1802 1791-1814

858 Zollrechnung Segeberg: Notaten mit Beilagen 1796-1800

655 Zoll- und Lizentrechnung Segeberg: Notaten mit Beilagen 1801-1811

651 Zoll- und Lizentrechnung Segeberg: Übersichten über Einnahme und Ausgabe mit Notaten sowie Rechnung für 1802 1815-1826

711 Zollrechnung Segeberg: Notaten 1822-1829

712 Zollrechnung Segeberg: Notaten 1830-1837

Uetersen mit Seesterau

663 Zoll- und Lizentrechnung Uetersen und Seesterau: Übersicht über Einnahme und Ausgabe mit Notaten zu den Rechnungen 1699-1705 1732

859 Zollrechnung Uetersen: Notaten mit Beilagen 1777-1790

665 Zoll- und Lizentrechnung Uetersen und Seesterau: Übersicht über Einnahme und Ausgabe mit Notaten sowie Rechnungen für 1779 und 1802 1777-1790, 1802

866 Zollrechnung Uetersen: Notaten mit Beilagen 1791-1800

662 Zoll- und Lizentrechnung Uetersen: Übersicht über Einnahme und Ausgabe mit Beilagen 1791-1809

885 Zollrechnung Uetersen: Notaten mit Beilagen 1801-1808

664 Zoll- und Lizentrechnung Uetersen und Seesterau: Übersicht über Einnahme und Ausgabe mit Notaten 1810-1826

860 Zollrechnung Uetersen: Notaten 1816-1827

861 Zollrechnung Uetersen: Notaten 1828-1837

Ulzburg

767 Zollrechnung Ulzburg: Übersichten über Einnahme und Ausgabe mit Notaten 1670-1699

941 Zoll- und Lizentrechnung Ulzburg 1677

940 Zoll- und Lizentrechnung Ulzburg: Auszüge und Notaten 1684-1698

765 Zollrechnung Ulzburg: Übersichten über Einnahme und Ausgabe mit Notaten 1699-1713

764 Zollrechnung Ulzburg 1712

766	Zollrechnung Ulzburg: Übersichten über Einnahme und Ausgabe mit Notaten	1714-1721
656	Zoll- und Lizentrechnung Ulzburg: Übersichten über Einnahme und Ausgabe mit Notaten	1722-1735
657	Zoll- und Lizentrechnung Ulzburg: Übersichten über Einnahme und Ausgabe mit Notaten	1736-1750
658	Zoll- und Lizentrechnung Ulzburg: Übersichten über Einnahme und Ausgabe mit Notaten	1751-1790
762	Zollrechnung Ulzburg	1767, 1769, 1777, 1779
863	Zollrechnung Ulzburg: Notaten mit Beilagen	1768-1779
713	Zollrechnung Ulzburg: Notaten mit Beilagen	1780-1790
714	Zollrechnung Ulzburg: Notaten mit Beilagen	1791-1800
763	Zollrechnung Ulzburg: Übersichten über Einnahme und Ausgabe	1791-1801
900	Zollrechnung Ulzburg: Notaten mit Beilagen	1801-1809
761	Zollrechnung Ulzburg	1802, 1804
768	Zollrechnung Ulzburg: Übersichten über Einnahme und Ausgabe mit Notaten und Beilagen	1803-1826
947	Rechnung über die Wegegeldhebung an der Zollstätte Ulzburg	1810
864	Zollrechnung Ulzburg: Notaten	1816-1825
865	Zollrechnung Ulzburg: Notaten	1826-1837

Wedel

867	Zollrechnung Wedel: Notaten mit Beilage	1779-1790

770 Zollrechnung Wedel: Übersichten über Einnahme und Ausgabe mit Notaten und Beilagen 1779-1826

868 Zollrechnung Wedel: Notaten mit Beilage 1791-1800

887 Zollrechnung Wedel: Notaten mit Beilagen 1801-1808

769 Zollrechnung Wedel 1802, 1804

869 Zollrechnung Wedel: Notaten 1816-1825

870 Zollrechnung Wedel: Notaten 1826-1837

Wewelsfleth

668 Zoll- und Lizentrechnung in Wewelsfleth, Brokdorf und Sankt Margarethen: Übersichten über Einnahme und Ausgabe mit Notaten 1674-1698

667 Zoll- und Lizentrechnung Wewelsfleth, Brokdorf und Sankt Margarethen: Übersichten über Einnahme und Ausgabe mit Notaten 1699-1725

666 Zoll- und Lizentrechnung Wewelsfleth, Brokdorf und Sankt Margarethen: Übersichten über Einnahme und Ausgabe mit Notaten 1726-1735

879 Zollrechnung Wewelsfleth: Beilagen zu den Notaten 1685-1698 (1701)

771 Zollrechnung Wewelsfleth: Übersichten über Einnahme und Ausgabe mit Notaten 1736-1750

772 Zollrechnung Wewelsfleth: Übersichten über Einnahme und Ausgabe mit Notaten 1751-1801

661 Zoll- und Lizentrechnung Wewelsfleth 1767, 1769, 1777, 1779, 1804

716 Zollrechnung Wewelsfleth: Notaten mit Beilagen 1768-1781

659	Zoll- und Lizentrechnung Wewelsfleth: Notaten mit Beilagen	1782-1790
715	Zollrechnung Wewelsfleth: Notaten mit Beilagen	1791-1800
901	Zollrechnung Wewelsfleth: Notaten mit Beilagen	1801-1808
660	Zoll- und Lizentrechnung Wewelsfleth: Übersichten über Einnahme und Ausgabe mit Notaten	1802-1824
717	Zollrechnung Wewelsfleth: Notaten mit Beilagen	1816-1837

Wilster

948	Lizentrechnung Wilster	1669-1671
949	Lizentrechnung Wilster	1672-1674
950	Lizentrechnung Wilster	1675-1678
951	Lizentrechnung Wilster	1679-1684
776	Zollrechnung Wilster: Übersichten über Einnahme und Ausgabe mit Notaten	1708-1750
774	Zollrechnung Wilster	1710, 1712
669	Zoll- und Lizentrechnung Wilster: Übersichten über Einnahme und Ausgabe mit Notaten	1751-1790
874	Zollrechnung Wilster: Notaten mit Beilagen	1768-1780
875	Zollrechnung Wilster: Notaten mit Beilagen	1781-1790
871	Zollrechnung Wilster: Notaten mit Beilagen	1791-1800
775	Zollrechnung Wilster: Übersichten über Einnahme und Ausgabe	1791-1801
888	Zollrechnung Wilster: Notaten mit Beilagen	1801-1808

773 Zollrechnung Wilster 1802, 1804

670 Zoll- und Lizentrechnung Wilster: Übersichten über Einnahme und Ausgabe mit Notaten und Beilagen 1803-1812

671 Zoll- und Lizentrechnung Wilster: Übersichten über Einnahme und Ausgabe mit Notaten und Beilagen 1813-1826

872 Zollrechnung Wilster: Notaten 1816-1829

873 Zollrechnung Wilster: Notaten 1830-1837

Wöhrden

876 Zollrechnung Wöhrden: Notaten 1828-1837

Wolfskrug

877 Zollrechnung Wolterskrug: Notaten 1815-1835

Schauenburger Zoll in Hamburg

978 Rechnung über den Schauenburger Zoll in Hamburg Dezember 1714-Dezember 1715

977 Rechnung über den Schauenburger Zoll in Hamburg 1716

ALTE FINDMITTEL

1519 Repertorium zu A XXV (Abt. 68) 1871-2013

467 Repertorium zu A XXV (Abt. 68) 1871-[1910]

REGISTER

Personenregister

Sachregister

Ortsregister

KONKORDANZEN

Konkordanz Abt. 68

alte Nr.	neue Nr.	alte Nr.	neue Nr.
2 a	3	37 II	45
3	4	38	46
4	5	39	47
5	6	40	48
6	7	41	49
7	8	42	50
8	9	43	51
9	10	44	52
10	11	44 a	53
11	12	45	54
12	13	46/48	55
13	14	49	56
14	15	50 I	57
14 a	16	50 II	58
14 b	17	51	59
15	18	52	60
16	19	53	61
17	20	54	62
18	21	54 a	63
19	22	55	64
19 a	23	56	65
19 b	24	57	66
19 c	25	58	67
19 d	26	59	68
20	27	60	69
21	28	61	70
22	29	62	71
23	30	63	72
24	31	64	73
25	32	65/66	74
26	33	67	75
27	34	68	76
28	35	69	77
29	36	70	78
30	37	70 a	79
31	38	71	80
32	39	72	81
33	40	73	82
34	41	74	83
35	42	75	84
36	43	76	85
37 I	44	77	86

alte Nr.	neue Nr.	alte Nr.	neue Nr.
78	87	144	133
79/89 I	88	145	134
79/89 II	89	146	135
90/101	90	147	136
102	91	148	137
103	92	149	138
104	93	150	139
105	94	151	140
106	95	152	141
107	96	153	142
108	97	154	143
109	98	155	144
110	99	156	145
111	100	157	146
112	101	158	147
113	102	159	148
114	10	160	149
115	104	161	150
116	105	162	151
117	106	163	152
118	107	164	153
119	108	165	154
120	109	166	155
121	110	167 I	156
122	111	167 II	157
123	112	168	158
124	113	169	159
125	114	170	160
126	115	170 a	161
127	116	171	162
128/129	117	172	163
128/129	118	173	164
130	119	174	165
131	120	175	166
132	121	175 a	167
133	122	176	168
134	123	177	169
135	124	178	170
136	125	179	171
137	126	180	172
138	127	181	173
139	128	182	174
140	129	183	175
141	130	184	176
142	131	185	177
143	132	186	178

alte Nr.	neue Nr.	alte Nr.	neue Nr.
187	179	233	225
188	180	234	226
189	181	235	227
190	182	236	228
191	183	237	229
192	184	238	230
193	185	239	231
194	186	240	232
195	187	241	233
196	188	242	234
197	189	243	235
198	190	244	236
199	191	245	237
200	192	246	238
201	193	247	239
202	194	248	240
203	195	249	241
204	196	250	242
205	197	251	243
206/207	198	252	244
208	199	253	245
209	200	254	246
210	201	255	247
210 a	202	256	248
211	203	257	249
212	204	258	250
213	205	259	251
214	206	260/261	252
215	207	262	253
216	208	262 a	254
217	209	263	255
218	210	264	256
219	211	265	257
220	212	266/267	258
221	213	268	259
222	214	269	260
223	215	270	261
224	216	271	262
225	217	272	263
226	218	273	264
227	219	274	265
228	220	275	266
229	221	276	267
230	222	277	268
231	223	278	269
232	224	279	270

alte Nr.	neue Nr.	alte Nr.	neue Nr.
280	271	324	317
281	272	325	318
282	273	326	319
283	274	327	320
284	275	328	321
285	276	329	322
286	277	330	323
287	278	331	324
288	279	332	325
289	280	333	326
290	201	334 Vol. I	327
290 a	282	334 Vol. II	328
291	283	335	329
292	284	336	330
293	285	337 I.1	331
294	286	337 I.2	332
295	287	337 II.1	333
296	288	337 II.2	334
297	289	338	335
298	290	339	336
299	291	340	337
300	292	341	338
301	293	342	339
302	294	343	340
303	295	344	341
304	296	345 I	342
305	297	345 II	343
306	298	346	344
307	299	347	345
308	300	348	346
309	301	349	347
310	302	350	348
311	303	351	349
312	304	352	350
313	305	353	351
314	306	354	352
315	307	355 I	353
316	308	355 II	354
317 I	309	355 III	355
317 II	310	356	356
318	311	357	357
319	312	358	358
320	313	359	359
321	314	360	360
322	315	361	361
323	316	362	362

alte Nr.	neue Nr.	alte Nr.	neue Nr.
363	363	402	408
363 a	364	403	409
364	365	404	410
365	366	405	411
366	367	406	412
367	368	407	413
368	369	408	414
369	370	409	415
370	371	410	416
371	372	411 I	417
371 a I	373	411 II	418
371 a II	374	412	419
372	375	413	420
373	376	414	421
374	377	415	422
375	378	416	423
376	379	417	424
377 I	380	418	425
377 II	381	419	426
378	382	420	427
379	383	421	428
380	384	422	429
381 I	385	423	430
381 II	386	424	431
382	387	425	432
383	388	426	433
384	389	427	434
385	390	428	435
386	391	429	436
387	392	430	437
388 I	393	431	438
388 II	394	432	439
389	395	433	440
390	396	434	441
391	397	435	442
392	398	436	443
393	399	437	444
394	400	438	445
395	401	439 I	446
396	402	439 II	447
397	403	440	448
398	404	441	449
399	405	442	450
400	406	443	451
401	407	444	452

alte Nr.	neue Nr.
465	453
466	454
467	455
468	456
469	457
470	458
544	459
545	460
567	461
702	462
703	463
704	464
755 I	465
755 II	466
766	467
767	468
768	469
769	470
770	471
771	472
772	473
773	474
774	475
775	476
776	Abt. 28 Nr. 199

Konkordanz Abt. 68 Protokolle

alte Nr.	neue Nr.	alte Nr.	neue Nr.
1	979	46	1022
2	980	47	1023
3	981	48	1024
4	982	49	1025
5	983	50	1026
6	984	51	1027
7	985	52	1028
8	986	53	1029
9	987	54	1030
10	988	55	1031
11	989	56	1032
12	990	57	1033
13	991	58	1034
14	992	59	1035
15	fehlt	60	1036
16	993	61	1037
17	994	62	1038
18	995	63	1039
19	996	64	1040
20	997	65	1041
21	998	66	1042
22	999	67	1043
23	1000	68	1044
24	fehlt	69	1045
25	1001	70	1046
26	1002	71	1047
27	1003	72	1048
28	1004	73	1049
29	1005	74	1050
30	1006	75	1051
31	1007	76	1052
32	1008	77	1053
33	1009	78	1054
34	1010	79	1055
35	1011	80	1056
36	1012	81	1057
37	1013	82	1058
38	1014	83	1059
39	1015	84	1060
40	1016	85	1061
41	1017	86	1062
42	1018	87	1063
43	1019	88	1064
44	1020	89	1065
45	1021	90	1066

alte Nr.	neue Nr.	alte Nr.	neue Nr.
91	1067	141	1103
92	1068	142	1104
93	1069	143	1105
94	1070	144	1106
95	1071	145	1107
96	1072	146	1108
97	1073	147	1109
98	1074	148	1110
99	1075	149	1111
100	1076	150	1112
101	1077	151	1113
102	1078	152	1114
103	1079	153	1115
104	1080	154	1116
105	1081	155	1117
106	1082	156	fehlt
107	1083	157	fehlt
108	1084	158	1118
109	1085	159	1119
110	1086	160	fehlt
111	1087	161	fehlt
112	1088	162	1120
113	1089	163	1121
114	1090	164	1122
115	1091	165	1123
116	1092	166	1124
117	1093	167	1125
118	1094	168	1126
119	1095	169	1127
120	1096	170	1128
121	1097	171	1129
122	1098	172	1130
123	1099	173	1131
124	1497	174	1132
125	1498	175	1133
126	1499	176	1334
127	1500	177	1135
128	1501	178	1136
129	1502	179	1137
130	1503	180	1138
131	1504	181	1139
132	1505	182	1140
133	1506	183	1141
134-137	Abt. 28	184	1142
138	1100	185	1143
139	1101	186	1144
140	1102	187	1145

alte Nr.	neue Nr.	alte Nr.	neue Nr.
188	1146	235	1192
189	1147	236	1193
190	1148	237	1194
191	1149	238	1195
192	1150	239	1196
193	1151	240	1197
194	1152	241	1198
195	1153	242	1199
196	1154	243	1200
197	1155	244	1201
198	1156	245	1202
199	1157	246	1203
200	1158	247	1204
201	1159	248	1205
202	1160	249	1206
203	1161	250	1207
204	1162	251	1208
205	1163	252	1209
206	1164	253	1210
207	1165	254	1211
208	1166	255	1212
209	1167	256	1213
210	1168	257	1214
211	1169	258	1215
212	1170	259	1216
213	1171	260	1217
214	1172	261	1218
215	1173	262	1219
216	1174	263	1220
217	1175	264	1221
218	1176	265	fehlt
219	1177	266 a	1223
220	1778	266 b	1222
221	1179	267	1224
222	1180	268	1225
223	1181	269	1226
224	1182	270	1227
225	1183	271	1228
226	1184	272	1229
227	1185	273	1230
228	1186	274	1231
229	1187	275	1232
230	1188	276	1233
231	1189	277	1234
232	fehlt	278	1235
233	1190	279	1236
234	1191	280	1237

alte Nr.	neue Nr.	alte Nr.	neue Nr.
281	1238	335	1261
282	1239	336	1262
283	1240	337	1263
284	1241	338	1264
285	1242	339	1265
286	1243	340	1266
287	1244	341	1267
288	1245	342	1268
289	1246	343	1269
290	1247	344	1270
291	1507	345	1271
292	1508	346	1272
293	fehlt	347	1273
294	1509	348	1274
295	1510	349	1275
296	1511	350	1276
297	1512	351	1277
298	1513	352	1278
300	1462	353	1279
301	1463	354	1280
302	1464	355	1281
303	1465	356	1282
304	1466	357	1283
305	1467	357 a	1284
306	1468	357 b	1285
307	1469	358	1286
308	1470	359	1287
309	1471	360	1288
310	1472	361	1289
311	1341	362	1290
312	1342	363	1291
313	1343	364	1292
314	1344	365	1293
315-321	Abt. 28	366	1294
322	1248	367	1295
323	1249	368	1296
324	1250	369	1297
325	1251	370	1298
326	1252	371	1299
327	1253	372	1300
328	1254	373	1301
329	1255	374	1302
330	1256	375	1303
331	1257	376	1304
332	1258	377	fehlt
333	1259	378	1305
334	1260	379	1306

alte Nr.	neue Nr.	alte Nr.	neue Nr.
380	1307	429	1356
381	1308	430	1357
382	1309	431	1358
383	1310	432	1359
384	1311	433	1360
385	1312	434	1361
386	1313	435	1362
387	1314	436	1363
388	1315	437	1364
389	1316	438	1365
390	1317	439	1366
391	1318	440	1367
392	1319	441	1368
393	1320	442	1369
394	1321	443	1370
395	1322	444	1371
396	1323	445	1372
397	1324	446	1373
398	fehlt	447	1374
399	1325	448	1375
400	1326	449	1376
401	1327	450	1377
402	1328	451	1378
403	1329	452	1379
404	1330	453	1380
405	1331	454	1381
406	1332	455	1382
407	1333	456	1383
408	1334	457	1384
409	1335	458	1385
410	1336	459	1386
411	1337	460	1387
412	1338	461	1388
413	1339	462	1389
414	1340	463	1390
415-417 a	Abt. 28	464	1391
418	1345	465	1392
419	1346	466	1393
420	1347	467	1394
421	1348	468	1395
422	1349	469	1396
423	1350	470	1397
424	1351	471	1398
425	1352	472	1399
426	1353	473	1400
427	1354	474	1401
428	1355	475	1402

alte Nr.	neue Nr.
476	1403
477	1404
478	1405
479	1406
480	1407
481	1408
482	1409
483	1410
484	1411
485	1412
486	1413
487	1414
488	1415
489	1416
490	1417
491	1418
492	1419
493	1420
494	1421
495	1422
496	1423
497	1424
498	1425
499	1426
500	1427
501	1428
502	1429
503	1430
504	1431
505	1432
506	1433
507	1434
508	1435
509	1436
510	fehlt
511	1437
512	1438
513	1439
514	1440
515	1441
516	1442
517	1443
518	1444
519	1445
520	1446
521	1447
522	1448

alte Nr.	neue Nr.
523	1449
524	fehlt
525	1450
526	1451
527	1452
528	1453
529	1454
530	1455
531	1456
532	1457
533	1458
534	1459
535	1460
536	1461
537-552 f	Abt. 28
553	1473
554	1474
555	1475
556	1476
557-561	fehlen
562	1477
563	1478
564	1479
565	1480
566	1481
567	1482
568	1483
569	1484
570	1485
571	1486
572	1487
573	1488
574	1489
575	1490
576	fehlt
577	1491
578	1492
579	1493
580	1494
581	1495
582	1496

Veröffentlichungen des Landesarchivs Schleswig-Holstein

Band 1: Findbuch der Bestände Abt. 268 und 285: Lübecker Domkapitel mit Großvogtei und Vikarien sowie Amt Großvogtei, von Wolfgang Prange. 1975. XVII, 324 Seiten. ISBN 3-931292-01-0

Band 2: Findbuch des Bestandes Abt. 400.5: Von der Universitätsbibliothek Kiel übernommene Handschriften, von Wolfgang Prange. 1975. IV, 84 Seiten. ISBN 3-931292-02-9

Band 3: Findbuch des Bestandes Abt. 320 Eckernförde: Kreis Eckernförde, von Hans Wilhelm Schwarz. 1976. VIII, 89 Seiten. Vergriffen. Neuauflage siehe Band 44. ISBN 3-931292-03-7

Bände 4 und 5: Findbuch des Bestandes Abt. 7: Herzöge von Schleswig-Holstein-Gottorf 1544–1713. 1. und 2. Band, von Kurt Hector. 1977. XVI, XII, 852 Seiten. Nur zusammen zu beziehen. Auf die Nachträge und Indices, die als Band 11 erschienen sind, wird ausdrücklich verwiesen. ISBN 3-931292-04-5

Band 6: Findbuch des Bestandes Abt. 320 Eiderstedt: Kreis Eiderstedt 1867–1950, von Reimer Witt. 1978. VIII, 144 Seiten. Vergriffen. Neuauflage siehe Band 62. ISBN 3-931292-06-1

Band 7: Findbuch des Bestandes Abt. 218: Lauenburgisches Konsistorium zu Ratzeburg, von Wolfgang Prange. 1979. V, 148 Seiten. ISBN 3-931292-07-X

Band 8: Findbuch des Bestandes Abt. 320 Steinburg: Kreis Steinburg, von Robert Knull und Dagmar Unverhau. 1980. XVI, 215 Seiten. ISBN 3-931292-08-8

Band 9: Findbuch des Bestandes Abt. 65.1: Deutsche Kanzlei zu Kopenhagen bis 1730, von Konrad Wenn. 1981. VII, 171 Seiten. Vergriffen. ISBN 3-931292-09-6

Band 10: Findbuch des Bestandes Abt. 107: Ämter Cismar und Oldenburg, von Wolfgang Prange. 1982. VIII, 73 Seiten. Vergriffen. ISBN 3-931292-10-X

Band 11: Findbuch des Bestandes Abt. 7: Herzöge von Schleswig-Holstein-Gottorf 1544–1713. 3. Band, von Kurt Hector und Heinrich Frhr. von Hoyningen gen. Huene. 1983. Enthält Nachträge und Indices zu Band 4 und 5. XXIV, 422 Seiten. ISBN 3-931292-11-8

Band 12: Findbuch der Bestände Abt. 231, 232, 233 und 234: Ämter Lauenburg, Ratzeburg, Schwarzenbek und Steinhorst, von Wolfgang Prange und Konrad Wenn. 1984. XVII, 358 Seiten. ISBN 3-931292-12-6

Band 13: Findbuch des Bestandes Abt. 210: Lauenburgische Regierung zu Ratzeburg, von Wolfgang Prange und Konrad Wenn. 1985. XVII, 597 Seiten. ISBN 3-931292-13-4

Band 14: Findbuch des Bestandes Abt. 320 Segeberg: Kreis Segeberg, von Robert Knull und Dagmar Unverhau. 1985. XVIII, 140 Seiten. ISBN 3-931292-14-2

Band 15: Findbuch des Bestandes Abt. 320 Plön: Kreis Plön, von Hartmut Haase und Hans Wilhelm Schwarz. 1986. VIII, 262 Seiten. ISBN 3-931292-15-0

Bände 16 und 17: Findbuch der Reichskammergerichtsakten (Abt. 390 und andere), von Hans-Konrad Stein-Stegemann. 1986. 2 Bände: Titelaufnahmen und Indices. XIX, 734 Seiten. Nur zusammen zu beziehen. ISBN 3-931292-16-9

Bände 18 und 19: Findbuch der Reichskammergerichtsakten im Archiv der Hansestadt Lübeck, von Hans-Konrad Stein-Stegemann. 1987. 2 Bände: Titelaufnahmen und Indices. XXI, 1067 Seiten. Nur zusammen zu beziehen. ISBN 3-931292-18-5

Band 20: Schleswig-Holsteinische Archivtage 1985–1987 – Ansprachen und Vorträge –. Hrsg. von Angelika Menne-Haritz. 1987. 137 Seiten. ISBN 3-931292-20-7

Band 21: Schleswig-Holsteinische Regesten und Urkunden. Band 9: Herrschaft Breitenburg 1256–1598. Bearb. von Kurt Hector und Wolfgang Prange. Neumünster 1988. XI, 657 Seiten. Nur im Buchhandel erhältlich. ISBN 3-931292-21-5

Band 22: Landschaft und Siedlung im Wandel. Alte Flurkarten aus Schleswig-Holstein, Erdbücher, Urkunden, Vermessungsinstrumente. Eine Ausstellung im Landesarchiv Schleswig-Holstein 1989/1990, von Susanna Misgajski. 1989. 64 Seiten. ISBN 3-931292-22-3

Band 23: Schleswig-Holsteinische Regesten und Urkunden. Band 10: Kloster Ahrensbök 1328–1565. Bearb. von Wolfgang Prange. Neumünster 1989. 455 Seiten. Nur im Buchhandel erhältlich. ISBN 3-931292-23-1

Band 24: Findbuch des Bestandes Abt. 8.1: Schleswig-Holstein-Gottorfisches (Großfürstliches) Geheimes Regierungs-Conseil zu Kiel 1720–1773, von Wolfgang Prange und Konrad Wenn. 1989. X, 258 Seiten. ISBN 3-931292-24-X

Band 25: Findbuch des Bestandes Abt. 8.2: Schleswig-Holstein-Gottorfische (Großfürstliche) Rentekammer zu Kiel 1720–1778, von Wolfgang Prange. 1990. IX, 209 Seiten. ISBN 3-931292-25-8

Band 26: Schleswig-Holsteinische Regesten und Urkunden. Band 11: Die Protokolle des Lübecker Domkapitels 1535–1540. Bearb. von Wolfgang Prange. Neumünster 1990. 330 Seiten. Nur im Buchhandel erhältlich. ISBN 3-931292-26-6

Band 27: Durchs Objektiv gesehen. Aspekte der Filmgeschichte in Schleswig-Holstein. Eine Ausstellung im Landesarchiv Schleswig-Holstein 1992/1993, von Jutta Matz. 1992. 59 Seiten. ISBN 3-931292-27-4

Band 28: Historisches Ortsnamenlexikon von Schleswig-Holstein, von Wolfgang Laur. 2., völlig veränderte und erweiterte Auflage. Neumünster 1992. 755 Seiten. Vergriffen. ISBN 3-931292-28-2

Band 29: Findbuch der Bestände Abt. 216 und 217: Lauenburgische Gerichte, von Wolfgang Prange. 1992. 149 Seiten. ISBN 3-931292-29-0

Band 30: Schleswig-Holsteinische Regesten und Urkunden. Band 12: Die Protokolle des Lübecker Domkapitels 1522–1530. Bearb. von Wolfgang Prange. Neumünster 1992. 874 Seiten. Nur im Buchhandel erhältlich. ISBN 3-931292-30-4

Bände 31 bis 33: Findbuch des Bestandes Abt. 66: Rentekammer zu Kopenhagen, Schleswig-Holsteinische Kammer auf Gottorf, General-Landwesens-Kollegium, Steuerkommissionen, von Wolfgang Prange und Konrad Wenn. 1993. 3 Bände. 1077 Seiten. Nur zusammen zu beziehen. ISBN 3-931292-31-2

Band 34: Findbuch des Bestandes Abt. 320 Bordesholm: Kreis Bordesholm 1867–1932, von Veronika Eisermann und Hans Wilhelm Schwarz. 1993. V, 79 Seiten. ISBN 3-931292-34-7

Band 35: Urkundenbuch des Bisthums Lübeck. Teil 1. Hrsg. von Wilhelm Leverkus. Neudruck der Ausgabe von 1856. Neumünster 1994. XXXII, 901 Seiten. Nur im Buchhandel erhältlich. ISBN 3-931292-35-5

Band 36: Schleswig-Holsteinische Regesten und Urkunden. Band 13: Urkundenbuch des Bistums Lübeck. Band 2: Urkunden 1220–1439. Bearb. von Wolfgang Prange. Neumünster 1994. XIV, 656 Seiten. ISBN 3-931292-36-3

Band 37: Schleswig-Holsteinische Regesten und Urkunden. Band 8: Kloster Itzehoe 1256–1564. Bearb. von Hans Harald Hennings. Neumünster 1993. XIV, 569 Seiten. ISBN 3-931292-37-1

Band 38: Schienen zum Fortschritt. 150 Jahre Eisenbahn in Schleswig-Holstein. Ausstellungen zum Jubiläum der Eisenbahn in Schleswig-Holstein, von Christian Küster, Susanna Misgajski, Manfred Schulz und Günther Ungerbieler. 1994. 113 Seiten. Vergriffen. ISBN 3-931292-38-X

Band 39: „Der Stand der Frauen, wahrlich, ist ein harter Stand“. Frauenleben im Spiegel der Landesgeschichte. Hrsg. von Elke Imberger. 1994. 231 Seiten. ISBN 3-931292-39-8

Band 40: Schleswig-Holsteins Lied und Farben im Wandel der Zeiten. Vorträge und Diskussionen eines wissenschaftlichen Symposiums: „150 Jahre Schleswig-Holstein-Lied“. Hrsg. vom Schleswig-Holsteinischen Heimatbund und dem Landesarchiv Schleswig-Holstein. 1995. 112 Seiten. ISBN 3-931292-40-1

Band 41: Der 8. Mai als politische Zäsur. Ansprachen und Vorträge zum Symposium „Ende und Anfang im Mai 1945“ in der Marineschule Mürwik am 17. Mai 1995 (Landeszentrale für Politische Bildung. Labskaus 4). 41 Seiten. ISBN 3-931292-41-X

Band 42: Der Kaiser, der Kanal und die Kinematographie. Begleitheft zur Ausstellung im Landesarchiv Schleswig-Holstein: Birt Acres – 100 Jahre Film in Schleswig-Holstein, von Hauke Lange-Fuchs. 1995. 71 Seiten. ISBN 3-931292-42-8

Band 43: Archive in Schleswig-Holstein. Bearb. von Veronika Eisermann und Hans Wilhelm Schwarz. 1996. 115 Seiten. ISBN 3-931292-43-6

Band 44: Findbuch des Bestandes Abt. 320.3: Kreis Eckernförde 1867–1950, von Veronika Eisermann und Hans Wilhelm Schwarz. 2., wesentlich erweiterte Auflage. 1996. VIII, 290 Seiten. ISBN 3-931292-44-4

Band 45: Schleswig-Holsteinische Regesten und Urkunden. Band 14: Urkundenbuch des Bistums Lübeck. Band 3: Urkunden 1439–1509. Bearb. von Wolfgang Prange. Neumünster 1995. 806 Seiten. ISBN 3-931292-45-2

Band 46: Schleswig-Holsteinische Regesten und Urkunden. Band 15: Urkundenbuch des Bistums Lübeck. Band 4: Urkunden 1510–1530 und andere Texte. Bearb. von Wolfgang Prange. Neumünster 1996. 839 Seiten. ISBN 3-931292-46-0

Band 47: Landgraf Carl von Hessen 1744–1836. Statthalter in den Herzogtümern Schleswig und Holstein. Eine Ausstellung im Landesarchiv Schleswig-Holstein, von Jens Ahlers, Jürgen Ostwald, Reimer Witt und Heyo Wulf. 1996. 215 Seiten. Vergriffen. ISBN 3-931292-47-9

Band 48: Findbuch des Bestandes Abt. 320.9: Kreis Husum 1867–1950, von Marion Dernehl und Reimer Witt. 1997. VII, 119 Seiten. ISBN 3-931292-48-7

Band 49: Die Wappen der Kreise, Ämter, Städte und Gemeinden in Schleswig-Holstein. Bearb. von Martin Reißmann unter Mitwirkung von Uta Hess, Jutta Matz und Hans Wilhelm Schwarz. Husum 1997. 415 Seiten. Vergriffen. ISBN 3-931292-49-5

Bände 50 bis 53: Findbuch des Bestandes Abt. 260: Regierung des Bistums, Fürstentums, Landesteils Lübeck zu Eutin, von Gertrud Nordmann, Wolfgang Prange und Konrad Wenn. 1997. 4 Bände. 1896 Seiten. Nur zusammen zu beziehen. ISBN 3-931292-50-9

Band 54: Die Anfänge des Landes Schleswig-Holstein. Vier Vorträge aus Anlaß des 50jährigen Landesjubiläums. Hrsg. vom Schleswig-Holsteinischen Heimatbund und dem Landesarchiv Schleswig-Holstein. 1997. 103 Seiten mit 10 Abb. ISBN 3-931292-51-7

Band 55: Landgraf Carl von Hessen 1744–1836. Vorträge zu einer Ausstellung. Hrsg. von Reimer Witt und Heyo Wulf. 1997. 163 Seiten. Vergriffen. ISBN 3-931292-52-5

Band 56: Der Hesterberg. 125 Jahre Kinder- und Jugendpsychiatrie und Heilpädagogik in Schleswig. Eine Ausstellung im Landesarchiv Schleswig-Holstein, von Susanna Misgajski. 1997. 157 Seiten. ISBN 3-931292-53-3

Band 57: Die Gottorfer auf dem Weg zum Zarenthron. Russisch-gottorfische Verbindungen im 18. Jahrhundert. Katalog zur Ausstellung im Landesarchiv Schleswig-Holstein, von Michail Lukitschev und Reimer Witt, unter Mitwirkung von Svetlana Dolgova, Jutta Matz, Marina Osekina und Sven Schoen. 1997. 203 Seiten. Vergriffen. ISBN 3-931292-54-1

Band 58: Schleswig-Holsteinische Regesten und Urkunden. Band 16: Urkundenbuch des Bistums Lübeck. Band 5: Siegelzeichnungen, Überlieferung, Indices. Bearb. von Wolfgang Prange. Neumünster 1997. 363 Seiten. ISBN 3-931292-32-0

Band 59: Schleswig-Holsteinische Beamte 1816–1848, von Gertrud Nordmann. 1997. VII, 445 Seiten. ISBN 3-931292-56-8

Band 60: Findbuch des Bestandes Abt. 170: Landschaft Stapelholm 1699–1867 (–1925), von Marion Dernehl. 1998. V, 52 Seiten. ISBN 3-931292-17-7

Band 61: Findbuch des Bestandes Kreis Herzogtum Lauenburg (Ratzeburg) 1873–1950, von Cordula Bornefeld und Hartmut Haase. 2001. 2 Bände. XIII, VIII, 687 Seiten. ISBN 3-931292-33-9

Band 62: Findbuch des Bestandes Abt. 320.4: Kreis Eiderstedt 1867–1950. Neu bearb. von Marion Dernehl und Reimer Witt. 1998. 2., erweiterte Auflage. IX, 167 Seiten. ISBN 3-931292-19-3

Band 63: Die Staatsgrundgesetze 1848/49 in Schleswig-Holstein und Lauenburg: Reprint zeitgenössischer Drucktexte. Hrsg. vom Verein zur Förderung des Landesarchivs Schleswig-Holstein e. V. 1998. 63 Seiten. ISBN 3-931292-55-X

Band 64: Heinrich Rantzau (1526–1598) – Statthalter in Schleswig und Holstein. Ein Humanist beschreibt sein Land. Katalog zur Ausstellung im Landesarchiv Schleswig-Holstein. Landesbeschreibung – Aufsätze – Katalog. Hrsg. von Marion Bejschowetz-Iserhoht, Hans Braunschweig, Reimer Witt und Heyo Wulf. 1999. 346 Seiten. ISBN 3-931292-57-6

Band 65: Arkivfortegnelse/Findbuch der Bestände Tønder kreds/Kreis Tondern 1867–1920 und/og Kreis Südtondern/Sydtønder kreds 1920–1950 i/im Landsarkivet for Sønderjylland und/og Landesarchiv Schleswig-Holstein. Redaktion Bettina Reichert und Hans Schultz Hansen. 1999. XIII, 353 Seiten. ISBN 3-931292-58-4

Band 66: Staatsgrundgesetze 1848/49 in Schleswig-Holstein und Lauenburg. Katalog zur Ausstellung im Haus Mecklenburg, Ratzeburg, 11. Mai bis 7. November 1999, von Hans Wilhelm Schwarz. 1999. 104 Seiten. ISBN 3-931292-61-4

Band 67: Findbuch des Bestandes Abt. 20: Herzöge von Schleswig-Holstein-Sonderburg-Plön, von Wolfgang Prange und Konrad Wenn. 1999. XVIII, 221 Seiten. ISBN 3-931292-62-2

Band 68: Findbuch des Bestandes Abt. 2002: Landesfilmarchiv, von Dirk Jachomowski. 1999. XVI, 258 Seiten mit 70 Abb. ISBN 3-931292-59-2

Band 69: Gilden in Schleswig-Holstein. Vorträge zur Ausstellung im Landesarchiv Schleswig-Holstein. Hrsg. von Marion Bejschowetz-Iserhoht, Reimer Witt und Heyo Wulf. 2000. 171 Seiten mit 17 Abb. ISBN 3-931292-63-0

Band 70: Findbuch Helgoländer Bestände: Abt. 174 Landschaft und britische Kronkolonie Helgoland, Abt. 131 Landgemeinde Helgoland, Abt. 320.22 Inselkreis Helgoland, von Malte Bischoff und Robert Knull. 2003. 70 Seiten. ISBN 3-931292-60-6

Band 71: Wappen – Zwischen Tradition und Fortschritt. Begleitheft zur Ausstellung im Landesarchiv Schleswig-Holstein, von Martin Reißmann. 2000. 35 Seiten mit 24 Abb. ISBN 3-931292-65-7

Band 72: Findbuch des Bestandes Abt. 3: Grafschaft Holstein-Schauenburg-Pinneberg. Bearb. von Malte Bischoff und Lars E. Worgull. 2002. 89 Seiten. ISBN 3-931292-66-5

Band 73: Arkivfortegnelse/Findbuch der Bestände Tønder amt til 1867/Amt Tondern bis 1867 i/im Landsarkivet for Sønderjylland og/und Landesarchiv Schleswig-Holstein. Bettina Reichert und Jesper Thomassen. 2001. XXX, 377 Seiten. ISBN 3-931292-67-3

Band 74: Im Spannungsfeld zwischen Regional- und Landesgeschichte. Vorträge eines Regionalsymposiums im Landesarchiv Schleswig-Holstein. Hrsg. von Reimer Witt. 2003. 115 Seiten. ISBN 3-931292-64-9

Band 75: Von Gottesfurcht und Kirchenzucht. Aspekte kirchlichen Lebens in Schleswig-Holstein im 17. Jahrhundert. Katalog zur Ausstellung im Landesarchiv Schleswig-Holstein. Hrsg. von Marion Bejschowetz-Iserhoht, Malte Bischoff und Reimer Witt. 2001. 71 Seiten mit 38 Abb. ISBN 3-931292-68-1

Band 76: Beiträge zur schleswig-holsteinischen Geschichte. Ausgewählte Aufsätze, von Wolfgang Prange. Neumünster 2002. XIV, 610 Seiten. ISBN 3-529-02212-8

Band 77: Archivalien zur Geschichte Schleswig-Holsteins im Niedersächsischen Staatsarchiv in Stade, von Robert Gahde. 2002. 91 Seiten. ISBN 3-931292-69-X

Band 78: Kirchliches Leben in Schleswig-Holstein im 17. Jahrhundert. Vorträge zu einer Ausstellung im Landesarchiv Schleswig-Holstein. Hrsg. von Marion Bejschowetz-Iserhoht und Reimer Witt. 2003. 215 Seiten. ISBN 3-931292-71-1

Band 79: Nicht erschienen.

Band 80: Schleswig-Holstein und die Niederlande – Aspekte einer historischen Verbundenheit. Katalog zur Ausstellung im Landesarchiv Schleswig-Holstein- Hrsg. von Ernst Joachim Fürsen und Reimer Witt. 2003. 183 Seiten . ISBN 3-931292-72-X

Band 81: Findbuch des Bestandes Abt. 320.12: Kreis Pinneberg, von Robert Knull. 2003. IX, 127 Seiten. ISBN 3-931292-73-8

Band 82: Das dritte Elbherzogtum. Der Kreis Herzogtum Lauenburg und seine Geschichte. Eine Ausstellung des Landesarchivs Schleswig-Holstein und des Kreises Herzogtum Lauenburg, von Eckardt Opitz und Martin Knauer. 2003. [34] Bl. Vergriffen. ISBN 3-931292-74-6

Band 83: Von ehrbaren Handwerkern und Böhnhasen – Handwerksämter in Schleswig-Holstein. Katalog zur Ausstellung im Landesarchiv Schleswig-Holstein. Hrsg. von Marion Bejschowetz-Iserhoht und Reimer Witt. 2004. 76 Seiten mit 36 Abb. ISBN 3-931292-75-4

Band 84: Findbuch des Bestandes Abt. 320.11: Kreis Oldenburg 1867–1950. Bearb. von Veronika Eisermann. 2004. VI, 46 Seiten. ISBN 3-931292-76-2

Band 85: Findbuch des Bestandes Abt. 314: Oberversicherungsamt, von Wulf Pingel. 2005. V, 51 Seiten. ISBN 3-931292-77-0

Band 86: Belli Dithmarsici vera descriptio – Wahre Beschreibung des Dithmarscher Krieges, von Heinrich Rantzau (Christianus Cilicius Cimber). Edition, Einleitung und Übersetzung von Fritz Felgentreu. 2009. 252 Seiten mit 12 Abb. ISBN 978-3-931292-78-2

Band 87: Findbuch des Bestandes Abt. 301: Oberpräsidium und Provinzialrat der Provinz Schleswig-Holstein, von Elke Imberger. 2005. XXVIII, 576 Seiten. ISBN 3-931292-79-7

Band 88: Findbuch des Bestandes Abt. 111: Ämter Reinbek, Trittau, Tremsbüttel, von Dirk Jachomowski und Wulf Pingel. 2006. XI, 261 Seiten. ISBN 3-931292-80-0

Band 89: Das Landesarchiv Schleswig-Holstein. Eine Betrachtung aus archivtechnischer Sicht, von Roland Lucht. 2., komplett überarb. Auflage. 2014. 95 Seiten mit 22 Abb. ISBN 978-3-943423-11-2

Band 90: Findbuch des Bestandes Abt. 47: Christian-Albrechts-Universität Kiel. Teil 1: 1665–1945, von Georg Asmussen. 2007. VI, 185 Seiten. ISBN 978-3-937816-43-2

Band 91: Findbuch des Bestandes Abt. 47.1: Kuratorium der Christian-Albrechts-Universität, von Georg Asmussen. 2007. VIII, 61 Seiten. ISBN 978-3-937816-44-9

Band 92: 99 Silbermünzen. Der Haselauer Münzfund aus der Zeit des Dreißigjährigen Krieges. Katalog zur Ausstellung im Landesarchiv Schleswig-Holstein. Hrsg. von Marion Bejschowetz-Iserhoht und Rainer Hering. 2008. 215 Seiten mit 151 Abb. ISBN 978-3-931292-82-9

Band 93: Die Ordnung der Natur. Historische Gärten und Parks in Schleswig-Holstein. Katalog zur Ausstellung des Landesarchivs Schleswig-Holstein in Zusammenarbeit mit dem Archiv für Architektur und Ingenieurbaukunst. Hrsg. von Marion Bejschowetz-Iserhoht und Rainer Hering. 2008. 215 Seiten mit 121 Abb. ISBN 13: 3-931292-83-6

Band 94: Findbuch des Bestandes Abt. 79: Ministerium für das Herzogtum Schleswig zu Kopenhagen 1851–1864, von Jörg Rathjen. 2008. XI, 121 Seiten. ISBN 978-3-937816-48-7

Band 95: Archive zwischen Konflikt und Kooperation/Arkiver mellem konflikt og samarbejde. 75 Jahre deutsch-dänisches Archivabkommen von 1933/75 år dansk-tysk arkivoverenskomst af 1933. Hrsg. von/udgivet af Rainer Hering, Johan Peter Noack, Steen Ousager und/og Hans Schultz Hansen (Landesarchiv Schleswig-Holstein/Statens Arkiver i Danmark). 2008. 159 Seiten mit 1 Abb. ISBN 978-3-937816-59-3

Band 96: Die Ordnung der Natur. Vorträge zu historischen Gärten und Parks in Schleswig-Holstein. Hrsg. von Rainer Hering. 2009. 271 Seiten mit 119 Abb. ISBN978-3-937816-65-4

Band 97: Findbuch der Bestände Abt. 80 und 56: Ministerium für die Herzogtümer Holstein und Lauenburg zu Kopenhagen 1852–1864 sowie Holsteinische Regierung zu Kopenhagen bzw. Plön 1862–1864, von Jörg Rathjen. 2010. XXII, 620 Seiten. ISBN 978-3-937816-66-1

Band 98: Findbuch des Bestandes Abt. 109: Ämter Reinfeld, Rethwisch, Traventhal, von Wulf Pingel. 2010. VII, 116 Seiten. ISBN 978-3-937816-77-7

Band 99: Findbuch der Bestände Abt. 51 bis Abt. 55: Regierungen der Herzogtümer während der Erhebung 1848–1851, Dänische Immediatkommission zur gemeinsamen Regierung der Herzogtümer in Sonderburg 1848–1849, Landesverwaltung für das Herzogtum Schleswig 1849–1851 und Dänischer Regierungskommissar 1850–1851, Oberste Zivilbehörde für das Herzogtum Holstein in Kiel 1851–1852 sowie Militärische Behörden der Erhebungszeit 1848–1851, von Jörg Rathjen. 2010. XV, 606 Seiten. ISBN 978-3-937816-78-4

Band 100: Archivführer Schleswig-Holstein. Archive und ihre Bestände. Hrsg. vom Landesarchiv Schleswig-Holstein, dem Verband schleswig-holsteinischer Kommunalarchivarinnen und -archivare e. V. (VKA) und dem Nordelbischen Kirchenarchiv. 2011. 504 Seiten mit zahlreichen Abb. ISBN 978-3-937816-83-8

Band 101: Das Gedächtnis unseres Landes. Archive in Schleswig-Holstein. Begleitschrift zur Ausstellung. Hrsg. von Manfred von Essen, Rainer Hering, Anke Rannegger und Johannes Rosenplänter. 2011. 50 Seiten mit zahlreichen Abb. ISBN 978-3-931292-85-0

Band 102: Findbuch des Bestandes Abt. 22: Herzöge von Schleswig-Holstein-Sonderburg-Augustenburg, von Jörg Rathjen. 2012. X, 213 Seiten. ISBN 978-3-937816-89-0

Band 103: Findbuch der Bestände Abt. 57 bis Abt. 62: Bundeskommissare für die Herzogtümer Holstein und Lauenburg 1863–1864, Österreichisch-preußische Oberste Zivilbehörde für das Herzogtum Schleswig 1864, Österreichisch-preußische Oberste Zivilbehörde für die Herzogtümer Schleswig, Holstein und Lauenburg 1864–1865, Österreichischer Statthalter für das Herzogtum Holstein, Preußischer Gouverneur für das Herzogtum Schleswig, Oberpräsident für die Herzogtümer Schleswig und Holstein (von Scheel-Plessen) in Kiel, Holsteinische Landesregierung in Kiel 1864–1866, Schleswig-Holsteinische Landesregierung in Schleswig 1865, Schleswigsche Regierung zu Schleswig 1865–1868, Zivilverwaltung/Regierung für Holstein 1866–1868, von Jörg Rathjen. 2012. XIII, 262 Seiten.
ISBN 978-3-937816-90-0

Band 104: Wie mächtig sind Archive? Perspektiven der Archivwissenschaft. Hrsg. von Rainer Hering und Dietmar Schenk. 2013. 204 Seiten mit 18 Abb.
ISBN 978-3-943423-03-7

Band 105: Prinz Heinrich von Preußen. Großadmiral, Kaiserbruder, Technikpionier. Hrsg. von Rainer Hering und Christina Schmidt. 2013. 256 Seiten mit zahlreichen Abb. ISBN 978-3-529-06100-4

Band 106: Findbuch der Bestände Abt. 18 und 19: Generalsuperintendent für Schleswig und Generalsuperintendent für Holstein, von Jörg Rathjen. 2016. X, 158 Seiten. ISBN 978-3-943423-14-3

Band 107: Schleswig-Holsteinische Regesten und Urkunden. Band 17: Das Protokoll des Lübecker Domkapitels 1544–1549 mit ergänzenden Texten. Bearb. von Wolfgang Prange. In Verbindung mit der Gesellschaft für Schleswig-Holsteinische Geschichte hrsg. vom Landesarchiv Schleswig-Holstein. 2016. 201 Seiten mit 4 Abb. ISBN 978-3-943423-26-6

Band 108: 1864 – Menschen zwischen den Mächten/1864 – Mennesker mellem magterne. Hrsg. von/udgivet af Rainer Hering und/og Hans Schultz Hansen unter Mitarbeit von/under medvirken af Elke Imberger. Übersetzungen/Oversættelser: Eckhard Bodenstein. 2015. 478 Seiten mit 54 Abb.
ISBN 978-3-943423-24-2

Band 109: Die „Reichskristallnacht“ in Schleswig-Holstein. Der Novemberpogrom im historischen Kontext. Hrsg. von Rainer Hering. 2016. 394 Seiten mit 41 Abb.
ISBN 978-3-943423-30-3

Band 110: Findbuch des Bestandes Abt. 13: Obergericht zu Gottorf 1713–1834, von Jörg Rathjen. 2017. IX, 185 Seiten. ISBN 978-3-943423-17-4

Band 111: Findbuch des Bestandes Abt. 320.6: Kreis Flensburg-Land 1867–1968, von Hartmut Haase. 2017. VI, 163 Seiten. ISBN 978-3-943423-18-1

Band 112: Findbuch des Bestandes Abt. 49: Schleswig-Holsteinische Regierung auf Gottorf 1834-1851, von Jörg Rathjen. 2017. XIII, 573 Seiten
ISBN 978-3-943423-32-7

Band 113: Gestalten des Archivs. Nachgelassene Schriften zur Archivwissenschaft, von Adolf Brenneke. Hrsg. und mit einem Nachwort versehen von Dietmar Schenk. 2018. 270 Seiten mit 16 Abb. ISBN 978-3-943423-50-1

Band 114: Findbuch des Bestandes Abt. 77: Dänische Ministerien, von Jörg Rathjen. 2018. IX, 70 Seiten. ISBN 978-3-943423-55-6

Band 115: Findbuch des Bestandes Abt. 68: Oberste Zoll- und Kommerzbehörden in den Herzogtümern und in Kopenhagen bis 1867, von Jörg Rathjen. 2018. XIII, 147 Seiten. ISBN 978-3-943423-54-9

Die Ausstellungskataloge sowie vor Band 89 erschienene Werke sind direkt über das Landesarchiv zu beziehen. Die Preise dieser Bände beinhalten die Versandkosten.

Landesarchiv Schleswig-Holstein
Prinzenpalais
24837 Schleswig
Telefon 04621 8618-00
Fax 04621 8618-01
landesarchiv@la.landsh.de
www.schleswig-holstein.de/landesarchiv

Ab Band 89 stehen die Bände, die bei Hamburg University Press veröffentlicht werden (ISSN 1864-9912), zum kostenlosen Lesen und Herunterladen sowie als hochwertige Printversion zur Verfügung. Die Printversion kann über den Buchhandel oder direkt beim Verlag bezogen werden:

Hamburg University Press
Verlag der Staats- und Universitätsbibliothek Hamburg Carl von Ossietzky
Von-Melle-Park 3
20146 Hamburg
Telefon 040 42838-7146
Fax 040 42838-3352
order.hup@sub.uni-hamburg.de
hup.sub.uni-hamburg.de